青年的思想愈被榜样的力量所激励,就愈会发出强烈的光辉。

主　编：
李建臣：清华大学双学位，武汉大学博士，编审，中国作家协会会员，中国科普作家协会会员，中宣部文化体制改革办公室副主任

副主编：
刘永兵：海军大校，编审，《海军杂志》原主编，海潮出版社原社长

审　定：
葛能全：中国工程院原党组成员、秘书长兼机关党委书记，曾任钱三强院士专职秘书多年

编委会成员：
董山峰：《光明日报》高级记者，《博览群书》杂志社社长，清华大学校外导师

李　颖：教育博士，清华大学社会科学学院副研究员

丁旭东：副教授，艺术学博士后，中国音乐学院中国乐派高精尖创新研究中心特聘研究员，中国人生美育研究会副主任委员，中国文艺评论家协会会员

高　伟：中国文艺评论家协会会员，清华大学博士

刘逸帆：北京师范大学中国社会管理研究院副院长，《社会治理》杂志副社长兼副总编

孙佳山：知名文艺评论家，中国文艺评论家协会会员，中国艺术研究院副研究员

董美鲜：远方出版社文化教育编辑部主任，副编审

刘　瑞：北京市西城区优秀教师，北京市西城区先进教育工作者，海淀外国语实验学校教师数学备课组长

给孩子读的"中国榜样"故事

把一生献给了核事业

邓稼先

李建臣 主编

http://www.hustp.com
中国·武汉

图书在版编目（CIP）数据

把一生献给了核事业——邓稼先/李建臣主编. —— 武汉：华中科技大学出版社，2020.10（2022.3重印）

（给孩子读的"中国榜样"故事）

ISBN 978-7-5680-6630-3

Ⅰ.①把… Ⅱ.①李… Ⅲ.①邓稼先(1924-1986)-传记-青少年读物 Ⅳ.①K826.16-49

中国版本图书馆CIP数据核字（2020）第184165号

把一生献给了核事业——邓稼先　　　　　　　李建臣　主编
Ba Yisheng Xiangeile Heshiye——DengJiaxian

策划编辑：	亢博剑
责任编辑：	沈剑锋
封面设计：	胡椒书衣
责任校对：	阮　敏
责任监印：	朱　玢
出版发行：	华中科技大学出版社(中国·武汉)　　电话：(027) 81321913
	武汉市东湖新技术开发区华工科技园　　邮编：430223
印　　刷：	天津中印联印务有限公司
开　　本：	880mm×1230mm　1/32
印　　张：	7.5
字　　数：	181千字
版　　次：	2020年10月第1版第1次印刷　2022年3月第1版第3次印刷
定　　价：	35.00元

本书若有印装质量问题，请向出版社营销中心调换
全国免费服务热线：400-6679-118　　竭诚为您服务
版权所有　　侵权必究

推荐序

对未来的期许，应以榜样作引领

长江后浪推前浪，新时代发展将势不可当的"后浪"——青少年——的教育及其世界观、人生观、价值观培塑推到了社会大众的面前。所有对未来幸福生活的憧憬，都应该以自强不息的奋斗为底色。青少年要从小树立远大理想，培养高尚情操，发展兴趣爱好，学会独立思考，发奋刻苦读书，掌握过硬的本领，从而改变自己的命运，为实现中华民族伟大复兴的中国梦贡献智慧和力量。

习近平总书记指出："青年的价值取向决定了未来整个社会的价值取向，而青年又处在价值观形成和确立的时期,抓好这一时期的价值观养成十分重要。"① 然而在今天,一些人更看重的是学习成绩、名校、名师、金钱、地位等。古往今来的许多事实告诉我们,一个人的学习成绩再优异、家境再优越,如果三观不正,便有可能误入歧途。一个人的尊荣,不在于他的地位、财富与颜值,而在于他对世界的贡献、对人类的责任以及对社会的担当。所有对未来的期许,都应该以榜样作引领。在榜样力量的引领下,青少年的心智将更加成熟,行为将更加理性,成长的脚步也将更加稳健。

2020年,在新冠肺炎疫情暴发的危难时刻,全国医护和科技人员逆行而上,奔赴一线抗疫。他们舍生忘死地拯救病患,有的科学家不惜冒着生命危险,以身试药,他们用"奉献指数"换回了人民的"安全指数"。这是一场没有硝烟的战役,却是生与死的较量。这是一场没有先例的疫情防控,他们用辛劳与专业换得山河无恙、人民安康。奉献不问西东,担当不负使命,在最紧要的关头,在最危险的地方,榜样的力量更加震撼人心。广大青少年应该从他们身上看到、学到中华民族抗击灾难时不屈不挠、守望相助的精神。

---

① 习近平:青年要自觉践行社会主义核心价值观——在北京大学师生座谈会上的讲话. 新华网. http://www.xinhuanet.com//politics/2014-05/05/c_1110528066_2.htm

祖国是人民最坚实的依靠，英雄是民族最闪亮的记号。这套由多位专家学者编撰的"给孩子读的'中国榜样'故事"丛书，介绍了钱学森、竺可桢、钱伟长、华罗庚、钱三强、苏步青、李四光、童第周、陈景润、邓稼先等科学先驱的事迹。这些科学家学习成绩优异，大多有海外留学经历，其卓越成就获得了国际学术界的广泛认可。以他们当时的实力，足以在国外过上衣食无忧的生活，然而，他们每一个人都深知，科学无国界，科学家有祖国。钱学森说："我的事业在中国，我的成就在中国，我的归宿在中国。"李四光说："我是炎黄子孙，理所当然地要把所学到的知识，全部奉献给我亲爱的祖国。"邓稼先说："假如生命终结后可以再生，那么，我仍选择中国，选择核事业。"他们不惜牺牲个人利益，远跨重洋回到生活与科研均"一穷二白"的祖国，以毕生的热血为建设新中国做出了巨大的贡献。

八十多年前，鲁迅先生在《中国人失掉自信力了吗》一文中发声："我们从古以来，就有埋头苦干的人，有拼命硬干的人，有为民请命的人，有舍身求法的人……"历史的风雨、生活的磨难，阻挡不了这些人前行的脚步。正是这些人扛起了中华民族伟大复兴的重任，他们无愧为"中国的脊梁"。有人不禁要问，今天的青少年长大后，还能不能前仆后继地埋头苦干、拼命硬干、为民请命、舍身求法呢？今天的青少年可能要问，这些科学家这样"自讨苦吃"是为了什么？我想，这个问题用诗人艾青的一句诗来作答最适合不过："为什么我的眼里常含泪水？因为我对这土地爱得深沉……"

要回答今天的青少年还能不能前仆后继的问题，我想起了梁启超先生一百多年前的期许——"少年智则国智，少年强则国强"。毋庸置疑，今天，中国的青少年正在走向中华民族伟大复兴的未来，他们的脊梁是否挺拔，他们的智慧是否卓越，他们的信念是否坚定，都关乎国家、民族的未来。

榜样是一种动力，榜样是一面旗帜，榜样是一座灯塔，可以为当代青少年引领方向，指导他们奋勇前行。这套"给孩子读的'中国榜样'故事"丛书的出版初衷，就是希望青少年以老一辈科学家为榜样，学习他们胸怀祖国、服务人民的爱国精神，勇攀高峰、敢为人先的创新精神，追求真理、严谨治学的求实精神，淡泊名利、潜心研究的奉献精神，集智攻关、团结协作的协同精神，甘为人梯、奖掖后学的育人精神，将这些可贵的品质内化吸收为个人的精神财富与进取动力，做有理想、有本领、有担当的新时代青年。

祝亲爱的青少年读者朋友们皆能志存高远，前途无量，放飞人生梦想。

中国传记文学学会会长　王丽博士

编者序

实干以兴邦,榜样代代传

实干以兴邦,榜样代代传——正是在这种力量的感召下,无数先贤志士前仆后继,"为天地立心,为生民立命,为往圣继绝学,为万世开太平",以中华之崛起为己任而一往无前,使中国五千年的文明得到延续,中华民族屹立于世界强国之林。习近平总书记曾经指出:"一切为中华民族掌握自己命运、开创国家发展新路的人们,都是民族英雄,都是国家荣光。中国人民将永远铭记他们建立的不朽功勋。"这些英雄榜样是中华民族的脊梁,正是他们艰苦卓绝的奋斗,让中华民族从百余年前的羸弱中站了起来。

改革开放 40 多年来，在各种思想文化相互碰撞和价值取向多元化的情况下，青少年的思想观念、道德标准、价值取向、行为方式等都呈现出新的特点，既有积极的一面，也有消极的一面。对于青少年来说，他们正处于长身体、长知识和世界观形成的重要时期，兴趣广泛、模仿性强、可塑性大，各方面都还不成熟。复杂的社会生活环境中存在着许多不利于他们健康成长的因素，导致他们在思想上产生了种种困惑。如何对他们进行正确的教育引导，成为当今社会普遍关心的一个问题。

党的十八大以来，以习近平同志为核心的党中央高度重视青少年的思想政治教育。习近平总书记在许多场合对加强青少年思想政治教育发表了一系列重要讲话，内容涵盖立德树人、社会主义核心价值观的培育和践行、以文化人、以文育人、教育合力构建、加强党的领导等诸多方面。这些重要论述充分体现了以习近平同志为核心的党中央对青少年成长成才的亲切关怀和殷切期待，立意高远，思想深邃，形成了内涵丰富的思想政治教育理论体系，为提升青少年思想政治教育科学化水平指明了方向，提供了依据。

在对青少年的教育中，榜样的力量是无穷的。榜样是一桅风帆，帮助我们乘风破浪，驶向成功的彼岸；榜样是一盏明灯，驱走我们心中的黑暗，照亮未来之路；榜样是一面镜子，促使我们审视自身的不足，凝聚奋发向上的力量;榜样是一个指南针,引领我们找到正确的方向,从此不再迷茫。"历史烛照时代,榜样传承精神",伟大的时代呼唤伟大的精神,崇高的事业需要榜样的引领。

为了帮助青少年向榜样看齐,向使命聚焦,汲取榜样"内在的力量",感受其家国情怀以及进取奉献的优秀品质和崇高精神,我们编写了"给孩子读的'中国榜样'故事"丛书,选取了10位富有时代特色的榜样人物,他们是:中国航天事业的开创者钱学森、把一生献给了核事业的邓稼先、与原子共传奇的钱三强、中国近代力学的奠基人钱伟长、中国地质力学的创始人李四光、中国"问天第一人"竺可桢、为数学而生的大师华罗庚、站在数学之巅的奇人陈景润、中国克隆先驱童第周、东方第一几何学家苏步青。

这些榜样人物为我国的社会主义建设和国防安全,在各自的领域不畏艰难、开拓创新,做出了卓越的贡献,其伟大事迹彪炳人间。他们不忘初心、淡泊名利、甘为人梯、谦逊朴实、不计个人得失的崇高品质,体现了他们对祖国和人民的无限忠诚,以及对理想信念的执着追求,对青少年具有很强的感召力和教育作用。我们相信,本丛书不仅能够成为青少年喜爱的课外读物,也会是学校、家庭和有关部门对青少年进行人生观、价值观和思想品德教育的好帮手。

在编写的过程中,我们采访了10位科学家生前的同事与部分后人，查阅了大量与他们相关的书籍、访谈录、手札和本人的著作等，从中撷取了一些鲜为人知的故事，将一个个平凡而伟大的生活画面，以精彩曲折、质朴平实的文字呈现出来，使他们的高尚品德与人格魅力跃然纸上，让青少年读者产生心灵的震撼，在感同身受中对老一辈科学家可歌可敬、感人肺腑、催人泪下的动人事迹产生深切的敬意。相信他们会乐于以这些伟大的科学家为榜样，努力学习，刻苦钻研，立志掌握更多的科学文化知识，为国家的强盛、人民的幸福奉献自己的青春和热血。

目 录
Contents

第一章　志存高远的爱国者　　　　　　　1

   1. 书香世家的熏陶　　　　　　　　2
   2. 民族尊严不可辱　　　　　　　　6
   3. 颠沛流离的大学生活　　　　　　9
   4. 与杨振宁的深厚友谊　　　　　　13
   5. 来自东方的"娃娃博士"　　　　17
   6. 回到新生的祖国　　　　　　　　23
   7. 水到渠成的美好姻缘　　　　　　29

第二章　一定要造出"争气弹"　　　　　37

   1. 核威胁下的新中国　　　　　　　38
   2. 原子弹与大国地位　　　　　　　44

3. 挨打比挨饿更难受 50
4. 受命制造"大炮仗" 58
5. 白手起家，从零开始 63
6. 苏联毁约 71

第三章 "我们自己干！" 83

1. 挑起千斤重担 84
2. 叩开原子弹理论设计的大门 92
3. 勒紧腰带攻难关 102
4. 挺进大西北 109
5. 原子弹爆炸试验准备 116
6. 罗布泊升起了蘑菇云 127
7. "妈妈，我们成功了！" 134

第四章　快马加鞭不下鞍   **141**

  1. 突破氢弹设计原理　　142

  2. 再难也要按期完成　　152

  3. 与法国"赛跑"　　156

  4. 最危险的事留给自己　　161

  5. 戈壁再传捷报　　170

第五章　最后的日子   **175**

  1. 病魔悄然降临　　176

  2. 病床上写就建议书　　181

  3. 未了的心愿　　185

  4. 向祖国告别　　191

5. 永远的核弹元勋　　　　　　　　　　197
6. 我们都要记住那个年代　　　　　　206

附录　邓稼先大事年表　　　　　　　215
后记　　　　　　　　　　　　　　　219

第一章 志存高远的爱国者

出身于书香世家,在家庭环境的影响与长辈的人格熏陶下,邓稼先从小就发愤图强。他在求知过程中渐渐看清祖国的需要,立志成为核物理专家,以强国威,故而踏上了出国留学之路。

1. 书香世家的熏陶

在安徽怀宁东北的大龙山下，有一个颇具古风的老镇，名叫"白麟坂"。白麟坂有一座已有 200 多年历史的老宅——铁砚山房。这是一座典型的江南建筑，前面是宽敞的大厅，后面是一排高高的木屋，曲廊连着池塘和精巧的小园林，人文气息与自然风景相得益彰。老宅的主人，就是邓稼先的六世祖邓石如。

邓石如是清朝乾嘉时期的书法家、篆刻大师。他的书法以楷、草、隶、篆四体工整而著称，时人赞其四体书"国朝第一"。这座宅子是邓石如以湖广总督毕沅所赠铁砚而命名的新居，故名"铁砚山房"。

1924 年 6 月 25 日，邓稼先诞生在老宅"守艺堂"西侧的房间里。他的父亲邓以蛰当时是北京大学的教授，也是我国现代著名的美学家和美术史学家。

第一章 志存高远的爱国者

邓以蛰出身于这样一个书香门第,从小受到严格的家教,苦读诗书,擅长工笔山水画,深厚的家学渊源让他打下良好的美学和书画基础。邓以蛰的父亲邓艺孙与中国共产党创始人之一的陈独秀交情极深。陈独秀也是安徽怀宁人。1905年,邓以蛰入安徽公学,随父亲邓艺孙及陈独秀等人学习文化,浸染了许多革命思想。1907年,刚满15岁的邓以蛰按照父亲的意愿,随陈独秀及二哥邓仲纯东渡日本留学,在东京宏文学院、早稻田中学学习。1911年夏天回国,在安庆的安徽陆军小学堂教日文。1913年初被任命为安庆图书馆馆长。1917年,赴美国纽约哥伦比亚大学攻读哲学和美学,从本科读到研究生。1923年夏,邓以蛰回国奔母丧,后去北京,被北京大学聘为哲学系教授。他所写的系列现代美学文论与宗白华在上海《时事新报》发表的系列美学文章形成南北呼应,有"北邓南宗"之美誉,代表了"五四"前后中国学者在美学方面取得的主要成就。后来他又先后到厦门大学、清华大学任教。

回国后,邓以蛰很快与鲁迅成为朋友,在《鲁迅全集》中就有他和鲁迅谈话的记录。在这期间,邓以蛰在《晨报》《新青年》等进步报刊上发表了许多文章,他见解独到、文笔奔放,给学术界、思想界乃至文学界带来了一股清新之风。

邓以蛰是在中国研究、传播美学的先驱之一。他将画史与画学、书史与书学紧密联系起来,在中国书画理论研究方面，将中国传统书画观点与西方的美学观念相融合，认为艺术是用"同情"不断地"净化"人生，表现高尚的人生理想与现实境遇，而不是落入功利的窠臼，单纯地满足感官欲望。他的这一观点在我国现代美学史上具有重要地位，对后世产生了重要影响。

邓稼先的母亲王淑蠲，聪颖贤淑，为人宽厚，终年操持家务，照顾子女。邓以蛰和她共育有5个子女，其中长女很小便去世了。剩下的分别是女儿邓仲先、邓茂先和儿子邓稼先、邓槜先。

邓稼先刚满八个月的时候，在清华大学任教的邓以蛰将妻子儿女接到了北京，住在北京丰盛胡同北沟沿甲12号。这是一座明清建筑风格的四合院。邓稼先在这个院子里度过了他的童年，留下许多欢声笑语的回忆。

1929年，5岁的邓稼先背起书包，跟在大姐邓仲先的后面，走进了武定侯小学。

学贯中西的邓以蛰对长子邓稼先要求严格，不仅要他熟读四书五经，还让他阅读世界名著，学习英文、数学。邓稼先7岁时读了俄国作家屠格涅夫的《爱之路》，其中小鸟和猎人的故事使他幼小的心灵发生了强烈的震撼。故事中，一只美丽的小鸟被猎人捉住，关进竹笼里。小鸟失去了自由，不吃也不喝，它奋力朝着笼壁冲撞，一下，两下，三下……整整撞击了一天。晚上，猎人察看笼中的小鸟时，眼前的景象使他惊呆了：竹笼被撞破，鸟儿满身血渍，躺在竹笼外的地上。那只美丽的小鸟为了争得一片蓝天，不顾一切地与禁锢它的竹笼对抗，最终失去了自己的性命。

读完这篇作品，邓稼先的内心久久不能平静，他想起了父亲多次对自己讲过的话："人应该在自己的生命中体验到其他生命的存在，与其他生命共存共荣。"他被小鸟不畏险阻、宁死不屈的精神深深折服了。

父亲的学识和修为，深切影响了邓稼先的一生。1973年5月2日，邓以蛰逝世，邓稼先深情地回忆父亲：

"父亲为人正直真诚，谦和朴实，性格温和宁静，专心学问，多年深入书画领域的研究工作，为中国书画理论的建设贡献了毕生的心血，在鉴赏中国古字画方面被社会公认为专家。他耐心细致地指导学生分辨鉴赏古字画真迹，指出其特点，不怕麻烦地将家中藏画悬挂起来，一一指给学生看，并作详尽的讲解……父亲一生追求美的精神境界……

"父亲是爱国知识分子。他亲身经历了清朝的腐败、军阀的混战、列强欺凌瓜分中国的岁月，特别是14年抗日战争期间，生活在日寇的铁蹄蹂躏下，那种刻骨铭心的痛苦让他永难忘记。父亲一生的志愿就是中华民族的振兴，祖国强盛。他自己长期身患重病，寄希望儿子为国家做贡献……纵观父亲的一生，是追求真善美的一生。"

邓以蛰对国家深沉的爱和对子女殷切的期盼，被邓稼先铭记在心，邓稼先将一切实地付诸实践，为国家的强盛与民族的振兴奉献出了自己的一切。

2. 民族尊严不可辱

邓稼先的父亲邓以蛰与杨振宁的父亲杨武之是多年至交,两家的祖籍都是安徽,邓以蛰在清华大学任教时,他们在清华园里又成了邻居,因此关系甚好。

1935年,邓稼先考入志成中学,与比他高两级的杨振宁成了好朋友。后来,他们又先后进入北平(1928年北京改称北平)西绒线胡同的崇德中学,友情进一步加深。

崇德中学是英国人开办的教会学校,很注重英语教学。邓稼先自幼便跟父亲学英语,八九岁时已经能讲一口流利的英语。所以,进入崇德中学之后,他的英语成绩在班里是出类拔萃的。加上他的数学、物理成绩也很好,受到很多老师的青睐。

"七七"事变爆发后,无论国家民族还是家庭生活都被蒙上一层阴云,自此邓稼先欢乐的少年时光结束了。端着刺刀的日本侵略军很快攻进了北平城。在这种情况下,北京大学和清华大学的师生大多撤往西南,校园里一片空寂。邓稼先的父亲因为身患肺病,咯血不止,全家不得不留下来,在西单附近租房暂住。

由于崇德中学是英国人所办,在英国没有参战之前,日军不敢贸然令其停办,所以邓稼先又继续读了两年书。

第一章 志存高远的爱国者

1937年9月，邓以蛰的一个朋友投靠了日伪政府，领取日伪的薪饷，过上相对优裕的生活。在邓以蛰看来，他是为了养家糊口，不得已而为之，也就宽以待之。可是，这个人却夹着伪政府的公文包来到邓家做说客，邓以蛰很不高兴。那天，邓稼先正在家里复习功课，那人进屋不久，他便听到父亲强打精神大声质问道："你是干什么来的？身为中国人，你怎能做出这种勾当？你出去，这里不再欢迎你！"那人理屈词穷，只好狼狈不堪地夹着公文包走了。

邓稼先第一次见父亲发这么大的火，他心里既害怕又心疼，便小心地走上前去问道："爸爸，身体要紧，为什么这样不高兴？"邓以蛰余怒未消，大声说道："真是个不知羞耻的东西！他竟然想说服我到伪政府去做事。这种人拿了人家的钱，就给人家当走狗，忘了自己身上流的是中国人的血，喝的是黄河的水，列祖列宗的脸、读书人的脸都被他丢尽了！"

日伪时期，北平的爱国学生救亡运动此起彼伏，身处激愤的环境中，强烈的民族屈辱感也不断激发着邓稼先的爱国热情。他经常和一些进步同学在一起，阅读进步书籍，谈论民族的前途和命运，向往和平安宁的大同世界。他们相互影响，彼此鼓励，思想渐渐成熟起来。

当时为了彰显日本侵略者的特权，日本宪兵队规定，凡是中国老百姓从日本哨兵面前走过，都必须向"皇军"

行鞠躬礼。"中国国土虽然沦陷，但是中国人的民族尊严不可辱！"这一无理要求让像邓稼先一样血气方刚的青少年们义愤填膺。每天上下学，邓稼先宁肯绕路走，也不在日本侵略者面前点头哈腰。

不久又发生了一件事，使邓稼先的人生轨迹发生了转折。

1940年，北平市日伪当局为"庆祝皇军胜利"，下令全体市民和学生举行游行与庆祝会。这时，崇德中学已因战争原因停办，邓稼先只得再入志成中学续读高中二年级课程。日军森严的管制使志成中学也不能幸免，学校被迫组织学生参加这一活动。开会时，会场戒备森严，市民与学生像一群羔羊一样被围在会场里。邓稼先看着耀武扬威的日本人，满腔怒火，却得不到发泄。散会时，他再也忍不住了，愤怒地将手中的纸旗扯得粉碎，恨恨地说："这简直是中华民族的奇耻大辱！"

邓稼先的举动被日伪安插在学生中的"狗腿子"发现了，他们马上把这件事告到志成中学，要求严肃处理邓稼先。

幸好志成中学的校长是邓以蛰的朋友，他得到消息后，匆忙赶到邓家，向邓以蛰讲述了整件事情的经过，然后忧心忡忡地说："叔存（邓以蛰字）啊，稼先的事情我只能搪塞一时，如果没有处理结果，恐怕日方不会善罢甘休，到那时可就不好办了，得尽快想一个解决问题的办法才好。"

面对突如其来的事件,邓以蛰一时也想不出妥善的解决办法,只好求教于这位朋友:"这件事我也说不出该怎么处理,还是请仁兄帮我拿个主意吧!"

"依我看,硬顶肯定是不行的,藏起来也不是长久之计,还是赶快想办法让稼先离开北平吧!"

邓以蛰沉思了片刻,说道:"多谢仁兄指点,事到如今,也只好如此了。"

送走了校长后,邓以蛰急忙把全家人叫到书房,一起商议邓稼先的事情。邓以蛰决定,由已经读完大学的长女邓仲先带着邓稼先到大后方昆明去,北大、清华等大学都迁到了那里,邓以蛰在那里有不少老朋友可以照应他们姐弟,这样既保护了邓稼先的安全又不耽误他读书。

3. 颠沛流离的大学生活

1940年5月,从未离开过家人的邓稼先和姐姐一起,告别父母和弟妹,踏上了旅途。当时日本人占领了北平,要乘火车前往昆明困难重重,只能从天津港乘坐轮船南下。

经过几十个小时的漂泊,姐弟俩来到了旅程的第一站——上海。按照父亲的安排,他们住在父亲的老朋友胡适先生家中。很快，他们又从上海乘船南行，经香港绕道越南，经过河内，再从老挝进入云南境内。他们辗转多地，用了将近一个月的时间才到达昆明。

邓以蛰的好友汤用彤教授，得知邓稼先姐弟要来昆明，已提前安排好了他们的住所。邓稼先姐弟到达昆明后，邓以蛰的一些好友和同事——杨武之、张奚若、闻一多等教授纷纷来看望他们。

张奚若教授一进门便高声说道："听说又来了两个小难民，快过来让我看看。"他边说边拉着他们，端详了好一阵子，笑着说："这两个小难民长大了，比起前几年，个子都高了一大截。不过你们两个小难民能平安到达昆明，真是幸运啊！别看身上土多了点，鞋袜破了点，可比你闻伯伯强多了。"

邓稼先好奇地问道："闻伯伯怎么了？"

张奚若指了指闻一多说："他呀，是随学生从长沙步行来昆明的。"

"步行，那要走多久啊？"邓稼先惊讶地问道。

"2月初从南岳动身，到昆明正赶上端午吃粽子。"闻一多笑着说。

这话勾起了张奚若的兴致，他接过话茬说："你闻伯伯刚到昆明那天，我还以为是从哪里来的癞头和尚呢！长发过耳，胡须满腮，走路一瘸一拐的，我还没看清是谁呢，他倒先开口说话了……"

第一章 志存高远的爱国者

"先生,讨一口水喝——行吗?"闻一多拖着长声说道。满屋子的人都被闻一多的幽默风趣逗笑了,也对闻一多的乐观和勇气感到钦佩。

长辈们乐观豁达的态度,使邓稼先的精神为之一振,一路上的奔波劳累也随之烟消云散。看着长辈们激昂的神态,他相信在前方等待他的将是一个崭新的天地。

为了完成学业,同年9月,邓稼先和大姐邓仲先来到四川江津,投奔四叔邓季宣。之后,邓稼先成了江津国立九中高三的一名插班生。

1941年秋,邓稼先以优异的成绩考入国立西南联合大学物理系。

西南联合大学是一所特殊的大学,由北京大学、清华大学和南开大学南迁昆明之后联合兴办。学校的校舍是简易房,铁皮屋顶、黄土墙壁。校舍里整齐地排列着擦得发亮的桌椅,墙上悬挂着联大校徽和校歌歌词,环境安静而肃穆。

学校地处昆明市郊,附近是一片起伏的丘陵。物理系仅有五栋平房,教学条件十分简陋,但实验室、资料室、教研室一应俱全。

这所学府里聚集了许多著名教授,在抗战期间闻名全国,可谓名师荟萃。其中仅物理学方面的专家教授就包括:为证实康普顿效应做出贡献的吴有训、参加测试普朗克常数的叶企孙、证实正电子存在的赵忠尧、涡旋力学权威周培源，以及吴大猷、王竹溪、张文裕、饶毓泰等。

西南联合大学的教学质量很高，对学生学业的要求也十分严格。因此，这所学校虽然仅存在了8年，但在战乱之中仍然培养出一批举世瞩目的杰出人才，堪称"中国高等教育史上的奇迹"。西南联大璀璨的教育成果恰好印证了清华大学校长梅贻琦的观点："大学者，非有大楼之谓也，有大师之谓也。"

后来的调查表明，中国科学院院士中至少有20人出自西南联大物理系。举世闻名的诺贝尔物理学奖得主杨振宁、李政道，就是从西南联大走出来的。

在西南联大学习期间，邓稼先得到了王竹溪、郑华炽等著名教授的教诲，学习成绩优异。

1945年8月15日，日本宣布无条件投降。世界人民反法西斯战争的胜利，中国人民抗日战争的胜利，使整个中国沸腾起来，也鼓舞了无数国人奋发图强。就在这一天，邓稼先顺利拿到了西南联大物理系的毕业证书。

1946年，邓稼先历尽千辛万苦，从大西南辗转回到了阔别6年的北平，回到了日夜思念的双亲身边。久别重逢，邓稼先的父母欣喜万分，当天晚上便在庭院里的大槐树下为他举行了接风晚宴。一家人互诉衷情，温馨感人。

那天晚上，邓稼先发现父亲老了许多，但依然精神矍铄。第二天早饭后，父亲坐在书房的桌案前像往常一样读书写作。这让邓稼先想起了父亲常说的话："我们没有理由浪费一寸光阴，因为无限的时光都包含在自己的有限生命之中。珍惜生命，必须从此时此刻开始。这样，此时此刻才可以成为永恒。"

邓稼先从小就经常看见父亲伏案写作，对父亲的书斋怀有深深的敬意。在他心目中，那一排排摆满各种版本书籍的高大书橱，就像翻卷的巨浪，带领读书的人在茫茫无涯的知识海洋中激荡。人们总对邓稼先说他的父亲是当时读书最多的学者之一，父亲大概已经将这些知识都装进自己的头脑里。

不久，邓稼先成了北京大学物理系的助教，那一年他刚满22岁，是北京大学最年轻的助教。

4. 与杨振宁的深厚友谊

杨振宁比邓稼先大2岁，与邓稼先有类似的身世，他的父亲杨武之从美国留学归国后，在清华大学任教。同乡的情谊，同事的扶持，相同的经历，使邓以蛰和杨武之交情甚笃。而孩子们也延续了父辈间的友谊，从小建立起深厚的感情。

长大后，邓稼先和杨振宁都在崇德中学读书，两人很快成了最要好的朋友。

杨振宁天资聪颖，才思敏捷；邓稼先也很聪明，不同的是，他的性格更沉稳，待人真诚厚道。因此，他们一个是公认的"机灵鬼"，一个则以老实忠厚而赢得了"邓老憨"的绰号。

这两个朋友在一起，互相学习对方的优点，彼此纠正对方的缺点，还时常讨论一些时事问题和学习问题。课余时间，他们常常形影不离，或趴在地上玩弹球，或在墙边以手代拍，模仿壁球游戏，或在一起谈天说地，甚至比赛爬树。两人相处时，常常是杨振宁口若悬河，邓稼先在一旁面带微笑地静静聆听。

因年长的关系，杨振宁常以大哥哥的身份关照邓稼先。受杨振宁的影响，邓稼先对数学、物理等课程的兴趣也越来越浓，渐渐沉迷在神秘的数学王国中。两人经常一起看书、讨论问题。这两位志趣相投的朋友，自少年时代便树立起远大的理想。邓稼先的夫人许鹿希曾问过邓稼先，小时候为什么爱和杨振宁玩？他的回答让人感动，"因为杨振宁从来不欺负人"。

好景不长，他们无忧无虑的校园生活很快就被日本侵略者的枪炮声打破了，杨振宁随家人南下，迁往昆明；邓稼先则因父亲患肺结核咯血不止，留在北平。

后来，当邓稼先考上西南联合大学物理系时，杨振宁已经是西南联大物理系三年级的学生。两人久别重逢，喜出望外，经常一起切磋功课，交流心得，互相帮助，互相鼓励。

第一章 志存高远的爱国者

尽管昆明是抗战后方，但日军的飞机也经常轰炸昆明。那时，"跑警报"成了西南联大师生生活中的重要内容。每当空袭警报响起，师生们便纷纷奔向防空洞。这时，杨振宁总是拉上邓稼先，生怕他跑慢了。

战争打乱了正常的教学秩序，却扑不灭热血青年求学救国的热情。在日本飞机的狂轰滥炸下，这两个后来的科学巨星在防空洞中仍谈论着复杂的原子世界。

抗日战争胜利后不久，杨振宁考入美国芝加哥大学物理系，攻读博士学位。邓稼先大学毕业后则回到北平，受聘担任北京大学物理系助教，并担任北京大学教职工联合会主席。两人走上不同的人生道路。

邓稼先风华正茂，他的到来在北大校园里引起了一阵轰动，成为师生们茶余饭后议论的话题。年轻的邓稼先不论是穿传统的长袍，还是穿时髦的西装，都透出一种睿智、从容与帅气。他儒雅、极富魅力的举止谈笑，清晰透彻的论述，吸引了不少学生前来听课；加上他和蔼可亲的态度，对学生平等相待，很快便赢得了学生们的好感和尊敬。

当时尽管抗战胜利了，但国内依然危机四伏，国民党统治下的北平政治黑暗，特务横行，经济凋敝，通货膨胀，老百姓生活艰难，学生们也无法静心学习。不久，"反饥饿，反内战，反迫害"的学生运动，风起云涌般在全国各地开展起来。

早在西南联大时，邓稼先就加入了"民主青年同盟"（简称"民青"，是当时进步青年的秘密组织）。作为"民青"的骨干，邓稼先勇敢地站在这场斗争的最前列，积极参加北京大学"讲助会"的工作，募集了大量钱款和物资援助贫困学生。

当年北京大学的"民青"组织，在举行集会时经常以音乐作掩护。在父亲的支持下，邓稼先把家里的手摇留声机搬进教师宿舍，放着音乐和青年朋友们一起议论时局、抨击时弊，学习马列著述和毛泽东的《新民主主义论》。

"我们不但要把一个政治上受压迫、经济上受剥削的中国，变为一个政治上自由和经济上繁荣的中国，而且要把一个被旧文化统治因而愚昧落后的中国，变为一个被新文化统治因而文明先进的中国。"毛泽东在《新民主主义论》中的深刻见解，为这群热血青年指明了方向，尤其给邓稼先以新的启示。他意识到，要建设一个政治上独立、经济上繁荣、文明先进的新中国，必须努力学习现代文化，掌握先进的科学技术。

经过再三考虑，在父亲的支持下，邓稼先决定去美国留学，学习新知识，为参加未来的祖国建设准备更充实的知识基础。

1947年，邓稼先通过了赴美研究生考试。赴美之前，邓稼先写信征求已于1945年赴美留学的好友杨振宁的意见，问他到美国哪所大学就读较为合适。根据邓稼先的实际情况，杨振宁建议他到印第安纳州普渡大学就读。一是此校离芝加哥很近，他可以帮助邓稼先申请到该校博士研究生的入学许可，而且两人能经常见面；二是普渡大学理工科水平很高，排在美国理工科大学前10名之内，而且学费较低，经济上易于保证。

邓稼先离开北平前，邓以蛰想到灾难深重的国家，心情沉重地叮嘱他："稼先，你此次到了美国，要珍惜这个难得的机会，发愤学习西方先进的科学技术。中国明日之强盛，要靠科学。"

邓稼先望着父亲因患肺病而变得异常苍白的面孔，紧紧地握着父亲枯瘦如柴的手，连连点头："无论如何，我都不会辜负爸爸对我的期望……"

5. 来自东方的"娃娃博士"

为了实现振兴家国的梦想，邓稼先踏上了异国求学的旅程。当时恰逢杨振宁的弟弟杨振平也要到美国上大学，于是杨武之就将杨振平托付给邓稼先，二人结伴而行，乘坐美国邮轮前往大洋彼岸。

晚霞映在海面上，一片绯红。随着一轮红日慢慢隐入苍茫的大海，海面也由绯红变成墨紫，令邓稼先思绪万千。

他伫立在甲板上，看着船头激起的浪花被浩瀚的大海悄无声息地吞没，感到神秘的大海里隐藏了太多故事，不由得想起50多年前中日甲午海战那悲壮而又屈辱的一幕幕，耳边又响起了"落后就要挨打"的警世名言。

当船行驶到檀香山附近时，同船的一位华人随手打开身边的世界地图手册，指着檀香山附近的天使岛，沉痛地讲述道："那座岛，美其名曰'天使岛'，其实，在华人心目中，它哪里是什么天使岛，简直是一座地狱岛，是无数华人被侮辱的人间地狱。近百年来，众多华人不堪忍受贫困与饥饿，冒险漂洋过海，到大洋彼岸谋生。但是，凡是到美国的华人，都要先到那个岛上接受当局的审讯。一家人被分开监禁，分开审讯。若一家人回答不一致，必遭毒打。有的人下落不明，有的人被逼疯，有的人被毒打致死。据统计，罹难于天使岛上的华人，不少于30万，其中不乏有文化、有知识的人。人死了，他们的绝命诗还留在岛上，告诫后人要万分小心，不要落入歹人魔爪。曾有人这样写道：'梦断天使岛，魂归我中华。'"

这个可怕的故事，让刚出国门的邓稼先内心一阵酸楚，父亲的教诲再一次在他的耳边响起："贫穷落后就要被人欺侮。只有国家富强起来，才能跟洋人讲平等。每一个华夏子孙都应该为中华崛起而奋斗。"

1948年秋，邓稼先通过考试，进入美国印第安纳州的普渡大学物理系。

第一章 志存高远的爱国者

普渡大学位于芝加哥南边约160公里的水城西拉法叶。西拉法叶不大，被誉为"草原之城"，沃巴什河从这里缓缓流过。这里人烟稀少，静谧安逸，是学习的好地方。

在美国，普渡大学的名气虽然不及哈佛、耶鲁等大学，但学术水平很高。这所大学是1876年由印第安纳州农业学院和机械学院合并组建的，邓稼先入学时，普渡大学已经建校72年。很多华人都希望能进入这所大学学习，甚至在华人学子中曾有"清华认麻省，交大认普渡"之说。这里的师资堪称世界一流，教研设施也很完善，其中最有名的是物理系，在整个国际上榜上有名。

那时，基本粒子研究刚刚起步。核物理研究始于1930年前后。1932年，詹姆斯·查德威克发现了中子；1938年，奥托·哈恩发现中子冲击原子核产生裂变，同时产生巨大能量。当时由于各项机械技术的发展，对能源的需求越来越大，这两位科学家的本意是为人类在地球上找到一种新能源，解决困扰人类的能源问题。

第二次世界大战全面爆发后，各强国看到了核技术的诱人前景，纷纷投入对核物理的研究。1945年7月16日，美国在位于新墨西哥州安拉莫果尔多沙漠的零点山上，试爆成功了第一颗原子弹。1945年8月6日，美国将原子弹用于实战，空投在日本广岛。原子弹爆炸的强烈光波，使成千上万人双目失明；上亿摄氏度的高温，把一切化为灰烬；放射雨使一些人在以后20年中痛苦而缓慢地死去；冲击波形成的狂风,又把所有的建筑物摧毁。处在爆心极点的人和物体,像原子分离那样分崩离析。离中心远一点的地方,可以看到在一刹那间被烧毁的人体残骸。更远一些的地方,有些人虽然侥幸活下来,但不是被严重烧伤,就是双目被烧成两个窟窿。人类从此生活在对核弹的巨大威胁之中。这是两位科学家始料未及的。

邓稼先选择了这个当时处于科学前沿的核物理专业,导师是荷兰人德哈尔。德哈尔研究核物理多年,具有指导研究生的丰富经验。邓稼先与德哈尔第一次见面时,就表达了自己渴望学习核物理的强烈愿望。德哈尔被这个中国年轻人的热忱与恳切打动。

在德哈尔的引导下,邓稼先来到了一座大厅,第一次目睹以前只在书本上看到过的粒子加速器。

德哈尔向邓稼先介绍加速器的工作原理,质子如何从圆柱形范德格拉夫加速器注入环形加速器,运行约一秒钟后,如何接受向前推力,加速到一兆电子伏,然后打到靶子上。

站在粒子加速器跟前,邓稼先想起他读过的"美国原子弹之父"奥本海默的一段话:"所谓原子系统的量子理论,起源于20世纪初,而对它所做的辉煌的综合与分析则完成于20年代。那是一个值得歌颂的时代,它不是任何个人的功绩,而是包含了不同国家许多科学家的共同努力……对于那些参加者,那是一个创造的时代,他们在对事物的新的认识中既感到满足，也感到恐惧。这也许不会作为历史而全面地记录下来。……这个工作的领域和我们日常经验的距离是如此遥远，因此很难想象它能为任何诗人或任何历史学家所知晓。"他想，奥本海默的话是对的，对平常人来说，这确实是一个陌生而遥远的领域，要在这个领域里驰骋，必须付出数倍于常人的努力。

邓稼先的数理化和外语的功底都很扎实，在西南联大读书时，每次考试他都名列前茅。凭着良好的基础和敏捷的思维，对于普渡大学的一些课程，他只需看看书便可以顺利通过考试，拿到学分。尤其是德语课，这是他在西南联大学得很好的第二外语，所以尽管他一次也没有去听课，考试居然也顺利通过。而因此节省出的不少时间被他用于钻研核物理发展前沿的最新成果。刚到普渡大学时他是自费生，后来因为各门功课的考试成绩都达到优异级别，他获得了奖学金，生活也就大大改善了。

德哈尔对邓稼先的学习表现十分欣慰，满意地称他是"来自东方的高才生"。他给邓稼先选定的研究课题是"氘核的光致蜕变"。这在当时是一个很前沿的课题，如果细分的话，属于理论物理范围。

氘是氢的一种非常重要的同位素。1932 年科学家发现了中子，接着发现了氘。所谓氘就是重氢。氢由一个电子加上一个质子组成，而氘比氢多一个中子。因为中子和质子在结合时要放出一些物质，质量有些亏损，这亏损就叫结合能。因此，氘的质量是氢的两倍略少一点，而少了的千分之几的质量就是结合能。所以要把氘核打开，分成一个中子和一个质子，就必须从外面加进能量。这做起来很不容易，需要很大的能量。

邓稼先的研究课题是在贝林凡特教授的指导下完成的。这项研究利用加速器放出的伽马射线，即电磁波或光波来轰击氘核，使之分裂成一个质子和一个中子，这样就可以很方便地研究质子和中子间的相互作用及各种关系。

我们知道，地球上有105种原子的原子核基本成分都是质子和中子，只不过因数量多少而各异。而氘核只有一个中子和一个质子，没有其他复杂因素的干扰，因此是标准的研究对象。在发现同位素氘十六七年之后，人们开始做它的光致变的研究，这是一个很吸引人的热门难点课题。当时世界上有许多物理学家想着手研究这一课题，但又因其难度及方法而持观望态度。邓稼先只用了一年又十一个月，便修满了学分并完成了博士论文，于1950年8月获得博士学位。这一年他刚满26岁，被人们称为"娃娃博士"。

邓稼先取得博士学位后，德哈尔有意带他去英国，对氘核的物理性能进行更加深入的研究。去英国在世界一流的实验室里做研究，将使邓稼先站在物理学发展的前沿，可能取得更大的研究成果。这对一位有志于科学事业的青年来说，是极富吸引力的。面对这样的机会，邓稼先不可能无动于衷。但他冷静下来一想，出国留学是为了什么呢？建设祖国使之富强的初衷让他心中有了主意，而早先传来的新中国诞生的消息更让他振奋。他下定决心要尽快回到祖国，回到朝思暮想的父母身边，把自己学到的科学知识用于新中国的科学事业，为祖国建设服务。

6. 回到新生的祖国

1949年10月，中华人民共和国成立的消息传到美国，邓稼先激动不已。在此之前，他刚刚参加海外华侨的进步组织——留美中国科学工作者协会。这个协会有数百人，经常在芝加哥北部的邓肯湖畔集会，交流国内情况。邓稼先作为普渡大学的代表，在一次聚会上发表了充满激情的演讲，他介绍新中国成立前国统区的爱国学生运动，揭露国民党当局的腐败堕落，谴责美国移民当局阻挠中国学者和留学生返回新中国。

他说："古诗云：'胡马依北风，越鸟巢南枝。'鸟兽尚且如此，何况人乎？也许有的游子心中的'白日'一时会被物质的浮云遮蔽，但绝不会有一片浮云可以永远遮住太阳。对故乡的深情终究会驱散蔽日的浮云，明媚和煦的阳光会照耀在每个游子的心头。目前，在回国的事情上，的确出现了一些麻烦。但是，我们能不能满怀喜悦地踏上祖国的土地，取决于我们自己，取决于我们所有的中国留学生。只要我们齐心协力，坚决斗争，就没有闯不过去的难关。"

1950年暑假，留美中国科学工作者协会的进步知识分子百余人再次从美国各地奔赴邓肯湖畔，为庆祝新中国诞生举行集会。在硕大的蛋糕上，他们插上一面五星红旗的标志，为祖国的新生开怀畅饮。

入夜，湖畔燃起了熊熊篝火，人们手拉着手，围在篝火旁齐声高唱《团结就是力量》。雄壮的歌声传达出海外赤子的拳拳爱国之心。才华横溢的邓稼先满怀激情，朗诵了自己创作的一首抒情长诗：

> 当一场暴风雨过后，祖国已迎来灿烂的黎明。
> 红旗随朝霞升起，百鸟在枝头欢鸣。
> 而我们这里，却夜幕垂空，灯火通明。
> 母亲啊，
> 你可听见我们的欢唱，
> 你可听见我们的心声。
> 我们已采撷无数鲜花，
> 我们已握有知识利器，
> 我们已结成友谊的联盟。
> 这一切，我都为了你，母亲！

第一章 志存高远的爱国者

让太平洋的波涛，为我们铺路；
让天空烂漫的云霞，为我们架起长虹——
我们就要回到你身边，祖国啊，母亲！

1950年8月31日，邓稼先履行自己的诺言，在美国获得博士学位后仅九天，便毫不犹豫地登上"威尔逊总统"号轮船，踌躇满志地踏上了返回祖国的归程。之所以这么快返回，除了回国心切，还因为他在八个月前就已开始办理回国手续。当时美国国内"麦卡锡主义"开始泛滥，在威斯康星州参议员麦卡锡的鼓吹和推动下，掀起了一股反共反苏的排外狂潮，政治、教育和文化领域的许多人被扣上"莫须有"的罪名，遭到迫害。邓稼先有一种不好的预感。特别是1950年6月朝鲜战争爆发，国际形势发生了急剧变化，中美两国关系紧张，如果不尽快行动，可能会夜长梦多。事实证明，他的判断没有错，钱学森就是在这种氛围中被美国联邦调查局带走关押的。

随着一声汽笛长鸣，轮船终于起航了，人们长长地吁了一口气——终于离开了，离开这个任凭"麦卡锡主义"盛行的国家。

但是，"麦卡锡主义"的魔影仍在跟踪着他们。曾在西南联大任教的赵忠尧教授也在这条船上，他是邓稼先父亲的故交。邓稼先小时候常常跟父亲到赵忠尧家做客。赵忠尧一家喜欢京剧，夫妻俩经常举行家庭票友聚会，邓稼先也总去凑热闹。抗日战争爆发后，赵忠尧调任中央大学物理系主任，举家迁往重庆，两家一度中断来往。这次在回国途中与赵忠尧相遇，邓稼先十分高兴。

赵忠尧于 1927 年赴美国加州理工学院学习，师从诺贝尔物理奖获得者罗伯特·密立根教授。1929 年，赵忠尧发现硬 γ 射线的高能量光子束，在通过重金属铅时出现了"反常吸收"现象。1930 年，他获得博士学位，前往德国哈罗大学物理研究所工作，同年 9 月发现与"反常吸收"现象同时存在的还有"额外散辐射"，又将该发现写成论文《硬 γ 射线的散射》，发表在美国《物理评论》杂志上，引起国际学术界的关注。

1931 年秋，赵忠尧到英国剑桥大学卡文迪许实验室，与原子核大师欧内斯特·卢瑟福一起工作。同年 12 月回国，任清华大学物理系教授，一边教书，一边用盖革计数器进行 γ 射线、人工放射性和中子物理的研究工作，并在中国的《物理导报》和英国的《自然》杂志上发表了论文《硬 γ 射线与原子核的相互作用》。卢瑟福在这篇论文前加了按语："这一结果提供了正－负电子对产生的又一证据。"这一年，赵忠尧在清华大学首次开设核物理课程，并主持建立中国第一个核物理实验室。

1932 年，卡尔·安德森因发现正电子径迹而获得诺贝尔奖。人们意识到，赵忠尧是最早观察到正负电子对形成与湮没的人。对此，诺贝尔物理学奖委员会前主任爱克斯朋说:"赵忠尧在世界物理学家心中是实实在在的诺贝尔奖得主!"诺贝尔奖获得者李政道说:"赵老师本来应该是第一个获诺贝尔物理学奖的中国人,只是由于当时别人的错误把赵老师的光荣埋没了。"诺贝尔奖获得者丁肇中说:"他就是正负电子对形成和湮灭过程的最早发现者,没有他的发现就没有现在的正负电子对撞机,也就没有今天的物理研究。"可见,赵忠尧在核物理研究方面的成就是受到国际认可的,而且他的研究成果对后来者起到奠基的重要作用。

1946年,受中华民国政府的委派,赵忠尧赴比基尼群岛观摩美国的原子弹试验,之后又在美国麻省理工学院、加州理工学院等处进行核物理和宇宙线方面的研究。

在此期间,他得知中华人民共和国成立的消息,然后积极进行回国准备,购买了国内极缺的物理实验器材等,装了大小40多箱,突破重重阻挠,先行运回国内。1950年8月,他登上"威尔逊总统"号邮轮后,遭到了美国联邦调查局人员的无理盘问和搜查,由于没有任何证据,调查人员只好将他放行。邓稼先从赵忠尧这里,得知钱学森事件的前因,气愤地说:"因为他们知道,社会主义新中国一旦插上科学的翅膀,将会生出与美国抗衡的力量。"

对于赵忠尧这样一位可以比肩诺贝尔物理学奖得主的大科学家奔向新中国,美国政府非常不甘心。所以当"威尔逊总统"号途经日本横滨并停靠码头时，赵忠尧等三人被美国联邦调查局人员带走，关押在巢鸭监狱，等着接受调查。看到赵忠尧被带走，邓稼先非常震惊，对美国政府的行径十分气愤。赵忠尧被关押期间，退守台湾的国民党政府派人劝说他去台湾，遭到拒绝。赵忠尧等三人被无理扣押，引起了国内各界人士的极大愤怒，他们纷纷通电抗议。加州理工学院和赵忠尧在美国的朋友也通电声援。1950年11月15日，赵忠尧等人终于获得自由，乘船取道香港回到祖国。

和邓稼先同船回国的留学生和科学家一共有100多名，他们怀着报效祖国的赤子之心，放弃国外优越的工作条件和生活环境，回来了……

回国后，邓稼先被正在招揽人才的钱三强看中，来到刚组建半年的中国科学院近代物理研究所，在理论组任助理研究员，1952年升为副研究员。从1950年10月起，他在这里大约工作了8年，在彭桓武教授的直接领导下从事原子核理论研究。彭桓武早年留学英国，曾跟随著名理论物理学家马克斯·玻恩做研究工作，先后获得哲学博士、科学博士两个学位。1945年，他和玻恩共同获得英国爱丁堡皇家学会的麦克杜加尔－布列斯班奖，并于1948年被选为爱尔兰皇家科学院院士，是一位在理论物理方面有很深造诣的科学家。

20世纪50年代，核物理在我国还是一块空白，就在这张白纸上,邓稼先在彭桓武的领导下,和一批青年伙伴一起谋划布局,志在描绘出最新最美的图画。他单独或分别与于敏、何祚麻、徐建铭等合作,在 1951 年到 1958 年的《物理学报》上,相继发表了《关于氢二核之光致蜕变》《辐射损失对加速器中自由振动的影响》《轻原子核的变形》等论文,为我国原子核物理研究做了开拓性的工作。他立志建设祖国、振兴民族的愿望实现了。

7. 水到渠成的美好姻缘

邓稼先与爱人许鹿希虽然不是青梅竹马,但两家也有通家之好。邓稼先的父亲邓以蛰和许鹿希的父亲许德珩,都是北京大学的教授。

许德珩是著名爱国民主人士、政治活动家、教育家、学者,九三学社的创始人和杰出领导者。他早年参加毛泽东发起组织的新民学会,青年时代入同盟会参加辛亥革命,"五四运动"时是著名学生领袖,起草了《五四宣言》。1920 年,他赴法国勤工俭学,毕业于里昂大学,后入巴黎大学,师从居里夫人研究放射性物理学。回国后,曾身兼多个政治职务。1931 年,他应北京大学之聘,赴北平任教。新中国成立以后,他满怀豪情地投身于建设新中国的实践中。在长期的革命生涯中,许德珩与共产党的老一辈无产阶级革命家建立了深厚的友谊。

新中国成立前,邓、许两家都住府学胡同的北大宿舍,是隔壁邻居,每日往来甚密。

邓以蛰十分好客,他的妻子也非常贤惠,很会做菜,许家人常常是邓家的座上宾。许鹿希后来回忆,那时,她父母去邓家做客,她也很想去,但父母从不带她,一是因为她很小,另外她小时候身体很不好。虽说两人没有"郎骑竹马来,绕床弄青梅。同居长干里,两小无嫌猜"的情意,但是许鹿希常常从母亲嘴里听到邓稼先的"事迹"。

小时候的邓稼先在家里十分顽皮。有一次,许鹿希的母亲从邓家串门回来,笑着跟家人说,邓家这个男孩子很调皮,家里请客,两个姐姐都穿得整整齐齐,招待客人,唯独邓稼先坐在家里大门的门槛上朝外望,谁一来,他就高声报门,整个胡同都可以听到他的声音:"许伯伯、许伯母到!"然后脚一蹬,门就开了。许鹿希听到这些"事迹",对邓稼先的好奇更多了一些。

除此之外,邓稼先的姐夫郑华炽和许鹿希的父亲也很熟悉。

邓稼先到美国留学前,许鹿希已考入北京大学医学院。当时她还考上了协和医学院、湘雅医学院、燕京大学、南开大学、金陵女子大学。母亲建议她学医,而湘雅、协和学费很贵,北大医学院不仅不要学费,每月还发一袋面粉,为了缓解家中经济困境,她选择了北大医学院。冥冥之中,这也为她和邓稼先的接触创造了条件。邓稼先在北大物理系当助教时，曾给医学院的学生上过实验课。许鹿希的物理成绩很好，两人互相都有好感，也许那时二人就在心底埋下了爱情的种子。不过医学院的课程很紧，许鹿希学习努力，两人都将这份美好的情愫深藏起来。

之后，邓稼先前往美国深造，而许鹿希则专注学业。当时医学院的女生比较少，男生很多，其中不乏仰慕追求许鹿希的人，但她都未同意，少女心事只为心上人独有。

1950年从美国回来后，邓稼先常往大姐邓仲先家里跑。邓仲先随丈夫郑华炽住在北京大学教授宿舍，与许德珩一家来往密切。那段时间，邓以蛰身体虚弱，经常有病，许鹿希又是学医的，因此，邓家就常找许鹿希去为邓以蛰诊疗，一来二去，邓稼先与许鹿希的接触更多了。

据邓稼先的姐姐回忆："那时稼先已20多岁，朋友纷纷为他介绍女朋友。北大一位同事为他介绍了一位姑娘，见面后，我问他姑娘如何，他回答我，搽那么多脂粉，熏死人了。""北京大学有一宿舍区在府学胡同，住了20多位老师。大家相处和睦，在一个大院里，各家没有围墙，天天可以见面。新中国建立后，大家各奔东西。那时我和许德珩先生的住房紧邻，许伯母劳君展先生和我常见面，她曾在法国留学，专长数学，在大学教书，为人和蔼可亲。

稼先常到我家吃晚饭，所以许伯母见过他。许伯母见稼先一表人才，知道他教书很认真。许伯母有一女儿叫许鹿希，学医。我和稼先说，劳君展先生很看重你，是否你班上有一女生叫许鹿希？他回答我班上有两个女生，一个叫周北凡，一个叫许鹿希，这两个女生在班上功课都很好。经过我和许伯母劳君展先生促成，稼先和许鹿希成为终身伴侣。"

一个是温婉聪慧的女大学生，一个是从美国留学归来的青年才俊，两人可谓天造地设的一对。1953年，邓稼先、许鹿希两人结婚，主婚人是中国科学院副院长吴有训。这一年，邓稼先29岁，许鹿希25岁。结婚的时候，许鹿希没有披婚纱，也没有坐花车，婚礼简单而朴素。

在一间七八十平方米的教室里，邓稼先请了一些同事、朋友，摆上糖和点心，大家在一起高兴地念诗、唱歌、玩游戏来祝福这对新人。就这样，一对心意相通的新人走到了一起。

后来，许鹿希回忆两人恋爱时的情景说："那时候没有很多的花样，礼拜六都在上课，也就是礼拜天有空，都是骑自行车出去玩。他的车技很好，我也很会骑车。郊外很多地方没有公共汽车，我们就骑车到处玩。我们去得最多的地方就是复兴门外的公主坟，那时候公主坟是一个很荒凉、人很少的地方，不像现在，车水马龙的。公主坟附近有一个叫什坊院的地方，新中国建立前医学院有一个医

第一章 志存高远的爱国者

疗站设在那里,实际上是我们地下党秘密会面的地方。医疗站给老百姓看病或者是打预防针,我们经常去那儿。有时候我跟邓稼先两个人骑着自行车带点吃的,一边溜,一边唱歌,找一个有树荫、凉快一点的地方坐坐,聊一聊天,吃点东西,然后两个人再回来;或者到公园去玩,那时候经常去颐和园划船,冬天到北海公园滑冰。……邓稼先滑得非常好,里八字、外八字都会。跟他去滑冰也不觉得冬天有多冷了,在冰场滑着滑着浑身就热起来,感觉整个人都变了。那时候年轻,工作也没有那么忙碌,生活真是快乐啊!

"五六十年代没有像现在这样,年轻人玩的东西不是特别多,但邓稼先爱好很广泛,在他的带动下,每天的日子都很充实。邓稼先这个人很会玩、很活泼,他游泳游得可以在水上漂,游得不快的时候,能漂起来。结婚以后我们经常逛厂甸,节日的时候很多人会在那里抖空竹。邓稼先最拿手的就是抖空竹,抖得非常棒,往往引来旁人佩服的目光。我们常玩的是两头大、中间细的最经典的空竹。那种一头是小疙瘩、一头是大疙瘩的也很好玩。"

婚后,他们过着幸福愉快的生活,第二年有了大女儿典典,又两年后儿子平平降生。每天一下班,邓稼先就逗女儿玩,让她叫爸爸,而且还要叫"好爸爸""好好爸爸",初为人父的喜悦让他比孩子还淘气。儿子长大一点后,有段时间,邓稼先吃完晚饭就拿着手电筒带他去捉蛐蛐，捉回来装在罐子里，逗它叫，父子俩玩得非常开心。如果有了稿费，邓稼先首先想到的是给孩子买玩具。他先是给两个孩子一人买了一辆小自行车，但孩子太小没法骑，又买了一把摇椅，让孩子坐在里面，他在旁边摇，一家人其乐融融。每到周末，邓稼先骑上自行车，让女儿坐在大梁上，许鹿希抱着儿子坐后面，一家人去逛公园，或者去看爷爷奶奶。他们一家四口常常带上足够的食物，到颐和园一玩就是一整天。邓稼先虽然已经是两个孩子的父亲，但仍有几分顽皮。他们从不在浴场游泳，而是把船划到一个隐秘的地方，下水游"野泳"，游得不亦乐乎。

　　许鹿希说："有一年春节，我和他带着孩子去逛厂甸庙会，拥挤的人群把我们挤开了，我看不见孩子和他的影子很着急，就喊他和孩子的名字。他听见我在喊他，就让孩子骑在他的肩上，这样我一眼就看见了，拼命地挤过去。挤到他跟前时，他使劲地笑，说看见我刚才往这边挤的样子很着急、很可爱，还说给我买个空竹安慰一下。后来我也学着抖空竹，不过，怎么学也不如他抖得好。

　　"邓稼先还特别爱玩弹球。就是那种小玻璃球，在地上挖几个小坑，把小玻璃球弹到挖好的小坑里。后来他又喜欢打乒乓球，我打乒乓球不行，他打乒乓球很厉害。因为他是左撇子，他用左手打乒乓球，他那么一抽对方接不着。

"邓稼先爱唱歌，能用德文、俄文、英文唱《欢乐颂》，特别是用德文唱《欢乐颂》，特别动听。'欢乐女神圣洁美丽，灿烂光芒照大地，我们心中充满热情，来到你的圣殿里，你的力量能使人们消除一切烦恼，在你的光辉照耀下面，人们团结成兄弟。'"

此外，邓稼先还喜欢京剧，他的这一爱好逐渐影响到妻子。许鹿希说："他爱唱戏，爱听戏。我们那时候也经常去剧院看戏，他有时候学京剧，捏着细嗓子学梅兰芳唱，学得挺像，尤其是《苏三起解》唱得非常好。"

有时候，一些京剧的段子许鹿希听不懂，邓稼先就坐在旁边一句一句地给她说词。不久，京剧的无穷魅力就将许鹿希深深地吸引住了。两人有了共同的爱好后，便找机会安顿好家事和孩子，去剧院听戏。

"那时工作之余有好戏都去看，常常到一流的剧院去看一流的京剧、芭蕾舞。那个年月，刚开始票很贵，看的人少，票好买，想看去买票就是了。后来票比较便宜了，看戏的人多了，戏票就不好买了，邓稼先就到剧场门前去等退票。他等退票有自己的独门绝技，他手里拿着钱，观察来往的行人，一看过来人脸上的神色，他就知道这人退不退票。看到有退票的人，他马上过去先把钱给人家，然后再接人家手上的票。"

每次从剧院出来，往往已是夜深人静，在银色的月光下，邓稼先一边陪许鹿希散步，一边惟妙惟肖地学唱戏里的唱段。

在性格上，邓稼先好动，许鹿希好静，但是他们相处却十分融洽，让身边的朋友羡慕不已。世上的一切都会在时间长河中磨损直至消失，唯有深刻而美好的记忆能够历久弥新。邓稼先与许鹿希的这段姻缘给了他们坚实的依靠，让他们内心充满安定与信任。

第二章　一定要造出"争气弹"

刚刚建立起来的新中国,一穷二白,又面临帝国主义的核威胁。为了不再受人欺负,为了维护世界和平,党中央审时度势,毅然做出了研制核弹的战略决策。凭借在核物理方面的扎实功底及朴实稳健的作风,34岁的邓稼先被选为研制原子弹的"主攻手"。

1. 核威胁下的新中国

新中国是在旧中国的烂摊子上建立起来的，一穷二白，几乎没有什么工业基础。然而在当时的国内外形势下，国家决定攻克万难，研制原子弹，这不能不说是一个惊人的决定。聂荣臻元帅后来在一篇文章里对此做了阐述。他说，新中国成立以后，当我们还在医治战争创伤的时候，世界上一些大国已经实现了现代化，进入了所谓"原子时代"和"喷气时代"。更重要的是，我们已经有了抗美援朝战争的经验，技术装备落后，使新中国吃了不少苦头。帝国主义敢于欺负我们，就是因为我们落后。落后就要受欺负，这是一个不可避免的现实。

美国现已解密的档案文献清楚地显示，在危机和战争中考虑对中国使用核武器，是美国外交和军事战略的重要组成部分。在朝鲜战争和第一次台湾海峡危机期间，美国曾考虑过对中国进行核打击与核威慑，前美国斯坦福国际战略研究所所长、斯坦福大学中国政治问题教授约翰·W·刘易斯和薛理泰在他们合著的《中国原子弹的制造》一书中披露："艾森豪威尔曾说过，为了能在1953年7月26日结束朝鲜战争，确实需要采取核打击威胁。""早在春季以前，美国就已经把装有原子弹的导弹运到冲绳岛。"书中又说："这些军官主张联合国军考虑使用小型原子弹和核大炮封锁中国大陆和敌方的满洲基地，完成新的进攻任务。"

1950年6月25日，朝鲜战争爆发。以美军为主的所谓联合国军，对朝鲜展开陆、海、空全方位的立体进攻。与此同时，美国军舰游弋于台湾海峡，美国战机入侵中国领空。蒋介石也来到海防前线视察，对官兵训话，声称要反攻大陆。福建沿海地区遭到国民党飞机的猛烈轰炸。1950年10月25日，中国人民志愿军赴朝作战。

在美军遭到沉重打击后，1950年11月30日，美国总统杜鲁门在记者会上公然宣称："我们将采取必要的措施，以应付军事局势。"

一名记者问道："'必要的措施'是不是包括使用原子弹？"

杜鲁门回答："包括我们拥有的各种武器。"

记者继续追问："总统先生，这是不是说正在积极考虑使用原子弹？"

杜鲁门又说:"是的,我们一直在积极考虑使用它。"

当时主张对中国使用核武器的主要是美国军方,麦克阿瑟对杜鲁门总统的影响最大。西方不少人认为,麦克阿瑟是一个有远见的政治家,考虑的不只是朝鲜问题。他说华盛顿根本不懂远东地区的政治,打败了中国军队,就可以让蒋介石重返大陆,而要做到这一点,必须使用核武器。

美国最终没有投下原子弹,或许有多种原因,但最根本的还是出于对自身安全的考虑。除了原子弹之外,美国动用了所有武器,其中有联合国禁止使用的贫铀弹和细菌武器。1952年3月,仅一个月内,美军就出动飞机865架次,在朝鲜半岛北部和我国东北地区投下大量携带病菌的老鼠、苍蝇、蜘蛛、土蜂等,造成20多个城市和地区爆发霍乱、鼠疫。

1952年6月,世界和平理事会成立了一个由来自瑞典、法国、英国、意大利、巴西、苏联的7名独立科学家组成的国际调查团,对美国使用细菌武器进行调查。中国科学家、世界和平理事会成员钱三强作为国际调查团的联络员随团前往。钱三强陪同国际调查团听取了美国被俘飞行员诺克·奎恩关于投掷细菌弹的供词;又陪同国际调查团在山洞、医院里检查受到细菌感染的士兵。一天,他和英国科学家李约瑟乘坐的汽车遭到美机轰炸,炸弹爆炸的气浪使汽车失去控制,差点翻下山沟……

经过一个多月的实地调查取证,国际调查团写出一份调查报告,包括附件共有 45 万字。报告称:朝鲜及中国东北确已成为细菌武器的攻击目标,美国军队以许多不同的方法使用了这些细菌武器,其中有一些方法看起来是把日军在第二次世界大战期间进行细菌战所使用的方法加以发展而成的。

1953 年,艾森豪威尔接替杜鲁门入主白宫,这位军人出身的总统向选民承诺,他将尽快体面地结束朝鲜战争,而且不需要发动传统的攻势,也就是说,不需要美国军人到战场上去厮杀。能够实现这个承诺的只有一件武器——原子弹。

艾森豪威尔后来在其回忆录《白宫岁月:受命变革 1953—1956 年》中写道:"为了使我们的代价不致过于高昂,我们将不得不使用原子武器。"

在后来解密的白宫文件中还记录了另一件事:艾森豪威尔明确告诉来访的印度总理尼赫鲁,他打算对中国使用原子弹。

1953 年 7 月 27 日,中、朝、美三国代表在朝鲜板门店签署了《停战协定》。虽然出于多种原因,美国最终没有对中国使用原子弹,但在之后的日子里,针对中国的核讹诈、核威胁从来没有停止过。

对朝鲜战场的惨状最有切肤之痛的当数彭德怀。卸任志愿军司令员回国之前,彭德怀特意来到一个还没有名字的志愿军墓地,面对成片没有墓碑的志愿军官兵的坟墓肃然而立。"你们不能跟我回去了,我彭德怀对不起你们。"他抬起右手,敬了一个长长的军礼,手还没放下,泪水便夺眶而出。

在回国的列车上,彭德怀给毛泽东写了一封信,其中有这么几句:"主席,朝鲜战争结束了,我们取得了胜利,但我们吃了大亏,亏就亏在我们的武器不如人。我们的代价太大了……"

毛泽东曾经看过一部关于朝鲜战场的纪录片。片中,一批批美军战机从陆地、海上腾空而起,炸弹倾泻在志愿军阵地上,志愿军官兵在燃烧的大火中翻滚……那天放映结束,灯亮了,坐满了领导人的放映厅里寂静无声,他们坐在那里一动不动。毛泽东死死地盯着白色的银幕,眼里含着泪水……

不久,总参谋部举办炮兵武器展览,展览大厅里有日本炮、德国炮、捷克炮,还有刚从朝鲜战场上缴获的各式美国炮。一天晚上,毛泽东主席突然到访,在那些大炮前驻足观看。他对陪同的周恩来说:"过去我说'枪杆子里面出政权',现在看来,光有枪杆子还不行,还要有炮杆子,要有强大的海军、空军,没有,我们用枪杆子打下的政权就不稳,中国人就还要受帝国主义的欺负。彭老总说得对,抗美援朝的胜利是用我国战士的血肉堆起来的。"

周恩来感叹道:"是啊,一个国家没有自己的军事工业,就像一个软体动物,身子直不起来,只能永远爬

第二章 一定要造出"争气弹"

着走。"

朝鲜战争虽然结束了,美国对中国的敌视并没有消除,很快又打出了"台湾牌"。1954年8月3日,美国宣布向台湾当局提供军事援助,并准备签订军事同盟条约。在此背景下,台湾当局不断派出小股部队疯狂袭扰大陆东南沿海地区。9月3日,中国人民解放军福建前线炮兵奉命用重炮轰击金门。

台湾海峡的炮声一响,美国首先想到的又是原子弹。艾森豪威尔在他的回忆录中写道,美国不会为保卫金门、马祖这两个小岛派出军队,但决不会无动于衷。当时的国务卿杜勒斯更是直接表态,他在访问台湾时说:"我们必须使用原子武器。"

杜勒斯在公开场合多次说过,一旦远东发生战争,美国将使用一些小型战术原子武器。在后来的一次记者招待会上,有记者请艾森豪威尔对杜勒斯的话发表看法,于是他说出了那句让人难忘的名言:"我找不出任何理由不使用核武器,就像你在打仗时找不到任何理由不使用子弹一样。"

台湾是中国的神圣领土,美国这种赤裸裸的核威胁深深地刺痛了中国。

中国人民热爱和平,对原子弹的使用持坚决反对的态度。但只有先拥有自己的原子弹,才能摆脱美国的核威胁,并在反对核武器一事上取得发言权。

约翰·W·刘易斯和薛理泰在《中国原子弹的制造》一书中也得出结论：战争把毛泽东时代的中国引向先进的武器和技术时代，以及正如我们在未来将要看到的核威慑时代。为了在这个现代化的世界里生存下来，中国应该拥有也必须拥有现代化的武器。

2. 原子弹与大国地位

党中央审时度势，毅然做出了发展核武器的战略决策。毛泽东曾在中央政治局扩大会议上提出："我们不但要有更多的飞机大炮，还要有原子弹。在今天的世界上，我们想不受人家欺负，就不能没有这个东西。"这一庄严宣告，揭开了中国研制原子弹的序幕，邓稼先也由此成为新中国第一批真正投入原子弹研究工作的伟大科学家之一。

在核工业创建之初，我国积极争取苏联的援助。1954年9月，彭德怀和刘伯承应邀率中国军事代表团赴苏联参观核军事演习，同行的高级将领有粟裕、陈赓、许光达、刘亚楼、宋时轮、邓华等。在前往苏联之前，彭德怀特意请核物理学家钱三强到中南海永福堂，给部分即将赴苏的高级将领介绍原子弹的有关内容。

钱三强是中国原子能事业的开拓者和奠基人之一。1936年，他毕业于清华大学物理系，后赴法国巴黎大学居

第二章 一定要造出"争气弹"

里实验室和法兰西学院核化学实验室从事原子核物理研究工作，获博士学位。1946年冬，钱三强和夫人何泽慧在巴黎大学居里实验室发现了铀核三分裂和四分裂现象——原子核在中子打击下，不仅可以分裂为二，还可以分裂为三乃至四。这个发现引起了国际物理学界的轰动，他们夫妇也因此被西方誉为"中国的居里夫妇"。钱三强夫妇在法国取得了重要的学术成果，前途可以说一片光明，然而他们却在1948年5月，怀抱刚满半岁的女儿，回到了随时可能遭战火覆盖的北平。新中国成立后，钱三强积极为原子能事业奔走，在异常困难的条件下拉起一支原子能科研队伍，在中央高层眼里，他是个可以倚重的人才。

钱三强乘坐小汽车来到永福堂，一下车就看见彭德怀大步流星地迎了上来。彭德怀上前紧紧握住钱三强的手，爽朗地笑着说："我今天拜师求学，老师请进。"

这一天，钱三强把自己所掌握的原子弹知识，尽量通俗易懂地做了介绍。彭德怀和将军们听得很认真，不明白的地方还一再提问。最后，彭德怀问钱三强，中国要搞原子弹，最关键的技术和设备是什么。钱三强回答说，生产原子弹，原料反应堆比气体扩散法省力，但应先建一个试验性的原子反应堆。在1953年钱三强率团访问苏联时，曾向苏联原子核和宇宙线物理学创始人斯柯别里琴院士试探过苏联援建原子反应堆和回旋加速器的可能性。对方谨慎地表示此事得由最高领导决定。这次，他借这个机会向彭德怀强调了"一堆一器"对发展原子能的重要性。

军事代表团赴苏之前，毛泽东和周恩来也有过一次长谈。周恩来认为，既然苏联邀请我们观摩原子弹爆炸，其他问题干脆一个不谈，就谈核问题。他说："一部分同志对我讲，以我们目前的经济、技术力量，搞原子能很困难，最好是请苏联帮忙。"

毛泽东说："这是实在话，眼下我们还没有能力搞。我赞成你的意见，彭老总他们这次去不要谈别的，贪多了嚼不烂。只谈核，摸清底，看人家愿不愿帮，知道他们的态度就行。核这个东西太敏感，不宜多谈。"

周恩来点点头说："主席，依您看，苏联会是什么态度？"

毛泽东反问道："从你掌握的情况看，我们要发展原子能，最难的关口在哪里？"

周恩来说："一是经济关，原子能太费钱，但全国上下勒紧腰带，大不了过几年苦日子；二是人才关，这一关看似薄弱，其实不然，目前钱三强同志的原子能研究所虽然只有几十人，但个个闻名海内外、出类拔萃，他们都是'老母鸡'，一人带一群，几年下来，几百人就变成几千几万；三是技术和设备关，原子能技术复杂，涉及设备多，大到反应堆、加速器，小到精密仪器、仪表、电子元器件，没有这些设备，就谈不上技术突破，反过来，没有技术就造不出这些设备，苏联能提供帮助的也就是这一块。"

毛泽东沉思着摇摇头:"美国、苏联起头搞原子能、原子弹时有技术、有设备吗?也没有!我看只要有人,技术和设备都不在话下,大不了多用它几年。"

周恩来点头道:"最后一关是核材料,目前我国还没有发现能开采的铀矿。"

毛泽东说:"对喽,这才是关键,没有它,准备得再多也等于零。"

周恩来缓缓点头,沉默了。

毛泽东又说:"至于苏联的态度,不能只看中苏两国关系,还要从国际和苏联国内形势分析。国际上,英国、法国紧跟在美国身后,原子能都有一定基础,发展也很快,现在英国已经有了原子弹,法国搞核武器也是早晚的事,苏联的压力不小哇。苏联要和美国分庭抗礼,甚至想压过一头,当然朋友越多越好,中苏两国社会制度相同,两党两国和两国人民的友谊经过考验,帮我们似乎理所当然。但目前世界上真正掌握核技术、拥有核武器的国家只有美、苏、英三家,单从自保看,谁都不希望看到第四个有核国家出现。所以,帮不帮我们,苏联要观望,看美国在核问题上对待英、法的态度,最要紧的是权衡自身的利益。我估计,苏联很可能是模棱两可的态度,既不答应帮,也不说不帮。"

周恩来说:"只要他们不把口封死,我们就有争取的空间。"

毛泽东重重地点了点头。

1954年9月13日，中国军事代表团来到苏联核演习的地区托斯克，观摩代号为"雪球"的4万吨级核爆炸军事演习。只见远处一个巨大的火球冲上天空，爆炸形成的冲击波迅速扩展到几十公里外的观看台前，竟然掀掉了彭德怀的帽子。再看彭德怀一动不动，面色凝重，目光锁定在巨大的蘑菇云上。蘑菇云渐渐消散后，参与核演习的坦克、飞机和穿着防护服的骑兵部队冲进核爆炸区。彭德怀用望远镜久久地凝视着……

演习结束，苏联国防部长布尔加宁将一把原子弹启爆的钥匙模型赠送给彭德怀。但当彭德怀提出参观核潜艇等核设施时，布尔加宁婉言拒绝了。

在回国的飞机上，彭德怀将那个装有原子弹启爆钥匙模型的木盒打开又合上，心事重重地叹了一口气。

1955年1月14日，周恩来总理请钱三强和地质学家李四光，以及时任地质部副部长刘杰等相关人员到中南海西花厅谈发展原子能和铀资源的情况。周总理首先讲到朝鲜战争以来，美国多次核讹诈的外部环境，面对严峻的国际形势，中央考虑发展原子能。他请钱三强介绍有关国家发展原子能的情况。钱三强讲了原子弹和氢弹的原理及关键性的技术和设备，提出争取苏联援助建反应堆和回旋加速器的建议，最后汇报了国内聚集人才的情况和几年来的准备工作。周总理边听边记，不时提出疑问，特别详细地询问了开展这项工作的必要条件。随后刘杰详细汇报了寻找铀矿的情况。

其间，李四光因身体原因提前离会。谈话结束时，周总理告诉钱三强和刘杰，第二天毛主席和中央其他领导同志要听这方面情况的汇报，让他们提前做好准备。

第二天，钱三强、李四光和刘杰应邀来到中南海丰泽园，向中央政治局扩大会议介绍有关情况。会议的主题是讨论发展原子能问题。

会议开始前，毛主席笑着对李四光和钱三强说："今天就请你们把我们这些人当小学生，给我们好好讲讲原子能。"周总理随后请他们两人先做现场演示，然后再汇报情况。

李四光先拿出一块铀矿石放在桌上，钱三强将盖革计数器接通电源，慢慢靠近矿石，仪器发出"咯啦咯啦"的响声。然后他趁人不注意在自己口袋里放了一点放射源，慢慢朝盖革计数器靠近，仪器又发出同样的响声。正当大家迷惑不解时，钱三强从口袋里掏出放射源，对在场领导人说："这个东西也有放射性，是法国约里奥－居里夫人送的，表示他们对中国发展原子核科学的支持。"

然后，李四光和刘杰全面汇报了我国铀矿资源的开发情况，讲道："根据两次勘探结果，在我国南部地区找到有工业价值的铀矿床的可能性是存在的。"并说准备和苏联签订中苏合营在中国勘探放射性元素的议定书，双方将派代表组成一个委员会，在我国开展铀矿普查。

接着钱三强介绍了原子弹和氢弹的原理及外国发展概况。他讲到原子核及其裂变的能量释放和造成链式反应，又介绍了原子弹和氢弹的基本结构。其间，领导人问了不少问题，钱三强一一回答。

会议后就是热烈讨论，最后毛主席做了总结讲话。他说："过去几年，我们忙于其他事情，来不及抓这件事，现在到时候了。只要排上日程，认真抓，中国的原子弹就一定可以搞起来。"后来这一天被全世界记录为"中国正式下决心研制核武器的起始日"。

3. 挨打比挨饿更难受

1954年9月29日，苏联最高领导人赫鲁晓夫率代表团参加新中国成立5周年庆典。这是赫鲁晓夫上任后首次访问中国。毛泽东决定再次试探苏联对中国研制核武器的态度。

中苏两国最高级别的会谈定在10月3日。正式会谈前，对于军事上怎样谈，和苏联打交道较多的副总理李富春特意找到彭德怀、陈毅、聂荣臻，想再听听他们的意见。

彭德怀先转向聂荣臻说："你主管军事工业和武器装备，你有什么想法？"

聂荣臻说:"常规武器好谈,还是那个原则——不仅要考虑我们需要什么,还要看他们能给什么。人家不同意卖、不愿意帮,根本不想与我们合作的事项,我们不必强人所难。要谈就从把握大的、能签字的入手,这样才牢靠。不要怕人家藏着掖着,不给我们先进的,把落后些的买回来有个好处,我们从技术上一步步稳扎稳打,一点点消化、借鉴、吸收,一口吃不成个胖子,这样对我国军事工业的发展有好处。"

陈毅接着说:"对头,人家看家的东西指定不会给咱们,即使给一两件,技术上的底也不会轻易露出来,现在买回来只能放在那当摆件,对我们没大用处。"

聂荣臻忧心地看着彭德怀:"老总,到底难谈的还是原子能这一块啊。"

彭德怀斩钉截铁地说:"再难谈也要谈,这事没商量。宁可削减其他项目,也要把它列上,请苏联帮助。我们不要谈,也不要跟苏联的其他人谈,咱们做不了主,要请主席和赫鲁晓夫谈。"

10月1日的天安门广场,一片欢乐的海洋。毛泽东等中央领导人在天安门城楼上检阅部队,观看群众游行。赫鲁晓夫和毛泽东站在一起,朝着游行队伍鼓掌、挥手,谈笑风生。

这种欢乐的气氛一直延续到10月3日在中南海颐年堂举行的最高级别会谈中。会谈时,苏联在场的有赫鲁晓夫、布尔加宁、米高扬等,中方有毛泽东、周恩来、彭德怀、李富春等。

双方寒暄几句后,赫鲁晓夫说:"我们都看到了,你们很快就带领中国人民取得了非常了不起的成就,苏联人民非常钦佩。我们两国今后应该互相支持、互相团结。不知道你们有什么地方需要我们帮助吗?"

中方人员的目光一下子亮起来,他们纷纷看向毛泽东。毛泽东说:"中国现在的国防还很落后,我们对原子能、核武器感兴趣,今天想同你们商量,希望你们在这方面给我们一些帮助,使我们少走些弯路,早日成功。"

毛泽东的话音刚落,所有人的目光一下子集中到赫鲁晓夫身上。听完翻译的解说,赫鲁晓夫一时愣住了,显然他没料到毛泽东会亲自提出这个问题。过了好一会儿,他才说:"噢……搞原子武器,以中国现在的国情和实力,恐怕很困难……"说到这里,他停了停,看着毛泽东。毛泽东只是点点头,不说话。

赫鲁晓夫继续说:"那个东西太费钱了,社会主义是个大家庭,有一把核保护伞就行,不需要大家都来搞。"

毛泽东听完翻译,轻轻一笑:"大伙儿打一把伞,当然省事,但是顾了头就顾不上尾,终究会被淋成'落汤鸡'。"

赫鲁晓夫听完,翻译也笑了,指了指米高扬和布尔加宁说:"他们知道,搞原子弹需要很多科学家、很多钢铁、很多电,如果中国现在搞核武器,恐怕把全中国的电力都集中起来也保证不了。现在你们更应该集中力量发展经济,多炼钢,多造拖拉机。"

会场的气氛有些僵住了。毛泽东打破沉默,委婉地说:"我们当然要发展经济,不然人民没有饭吃;但我们也要发展武器,手里没有武器,中国人民还要挨打。比起挨饿,挨打的滋味更不好受,所以我们眼下宁可日子过得苦一点,吃个半饱,也要发展武器。你说的困难都是事实,就是因为我们现在底子薄,所以才需要你们的帮助。有你们帮助,我们发展得就快一些;完全由我们自己搞,我相信也能搞出来,只是会慢一点……赫鲁晓夫同志,您说的是肚子问题,我说的是挨打的问题,我看我们先解决肚子问题吧,我的问题吃完饭再谈。"

趁着休会,各方人员讨论了应对策略。吃罢晚饭,双方接着谈,几个回合后,赫鲁晓夫做出一些让步。他说:"考虑到中国同志的意见,如果你们很想搞原子能这件事,而且是为了进行科学研究、培训人员,苏联愿意帮助中国建设一个小型原子堆。这个相对容易,也不用花太多的钱,很适合中国的情况。"

毛泽东说:"也好,让我们考虑考虑再说。"

会谈就这样结束了。送走苏方人员,中方的人都来到毛泽东的书房。彭德怀板着脸坐在沙发里,半天没好气地冒出几句话:"我以为主席的面子比我大,能谈出个子丑寅卯来，什么小原子堆，不过是个大模型，能干什么？纯粹糊弄人！"

周恩来分析道，赫鲁晓夫说得很清楚，社会主义国家共用一把核保护伞就够了，中国没必要搞，这明摆着是不希望我们有。

彭德怀气呼呼地说："中国人的脑袋为什么要伸到别人的伞下面？中国这么大，好几亿颗脑袋，他苏联那把伞能罩得住吗？"

毛泽东听到这儿，开口说道："不是罩不罩得住的问题，而是一旦站在这把伞下面，就得听凭这把伞摆布，中国人的命运就捏在别人手里了，这个问题我们必须重视。"

彭德怀忽地站起来，坚决地说："那就下决心，我们自己干！"

在座的人都没有回应。彭德怀又坐下了，咕哝道："在朝鲜，他美国死了人，要扔原子弹好歹还有个借口。台湾呢？关他屁事，别人的家事，他要插手，他还要扔！事情明摆着，要么我们有了（核武器）以后别人不敢欺负，要么就当缩头乌龟！"

讨论结束时，已经是深夜2点了。临别时，彭德怀握着毛泽东的手："主席，下决心吧，我们自己干。"毛泽东没有说话，只是用力握了握彭德怀的手。

大家都走了，毛泽东独自在书房里来回踱步，不停地吸烟。天快亮的时候，他坐到写字台前，拿起铅笔，在一张纸上一笔一画地写下一个"铀"字。

中国的原子能事业,终于迎来一个至为重要的契机。

1954年秋,一个令人振奋的消息传到中南海——地质部在广西杉木冲发现了铀矿苗头!

铀元素是法国科学家克拉普罗特于1789年发现的,恰巧当时天文学家发现了天王星,于是,这种元素就以天王星命名,"铀"是天王星英文名第一个字母"U"的音译。铀是实现核裂变反应的主要物质,有没有铀矿,是一个国家能否发展核工业的重要前提。

"这是决定命运的!"毛泽东这句话,至今落地有声!

实际上,地质人员在广西发现的这个铀矿,是个次生矿,开采价值不大,只能证明中国土地上有铀。因此,尽快找到原生矿,成为决定中国原子能事业命运的重要一步。

1954年冬天,由军人、科研院所的工程师和多所地质大学尚未毕业的大学生组成的数万人的探矿大军,在湖北、湖南、云南、广西以及西北的大山中,开始大规模地寻找被毛泽东视作"决定命运"的铀矿。

这时,国际形势发生了对我国有利的变化。随着美国与其盟国在核技术领域的合作由秘密走向公开,核实力的天平逐渐倾斜到资本主义阵营一方。在此情况下,苏联迅速改变策略,赫鲁晓夫公开宣布:将帮助中国和东欧其他四个社会主义国家进行和平利用原子能的研究。消息传到中南海后,毛泽东立即指示周恩来组织一个代表团去苏联,重点谈"一堆一器"。周恩来周密考虑后，决定让刘杰、钱三强率代表团赴苏，并叮嘱他们严格按苏联原子能援助的计划开展洽谈，避开原子弹的话题。

代表团肩负使命赴苏，收获喜人。1955年4月，中苏秘密签订关于苏联帮助中国建设研究性重水反应堆和回旋加速器的协定。同时，经苏联政府同意，中国从正在苏联和东欧留学的留学生中紧急抽调300多名学生，改学原子能相关专业。

后来，赫鲁晓夫在回忆录中提及，他这时是出于压制对方阵营的考虑，如果中国开始涉足一点原子弹，就会对美国及其盟友形成一种压力，从而减轻苏联受到的压力。

1956年8月，中苏两国政府签订了关于苏联援助中国建设原子能工业的协定。

当时负责国防科技工作的是有"儒帅"之称的国务院副总理聂荣臻。他曾对周恩来总理建议："国际形势的发展，有可能使苏联在尖端技术方面对我国的态度有所松动，是否再和他们谈一谈援助的具体问题，请他们派专家来，提供一些资料，由我们自己搞？"

周恩来听了，两道浓眉微蹙，将目光移向窗外，陷入深深的思考之中。此前李富春在访苏时曾试探性地提过此事，但遭到苏方婉言拒绝，此时再提是否会影响中苏之间的默契关系？周恩来沉思片刻，说："可以先找苏联顾问探探口风。"

第二章 一定要造出"争气弹"

之后,聂荣臻与驻华苏联经济技术总顾问阿尔希波夫联系,会谈取得了初步成效。1957年9月,聂荣臻、陈赓、宋任穷等人率代表团赴莫斯科,与别尔乌辛为首的苏方代表团进行了历时35天的谈判,终于在10月15日与苏联签订了《中华人民共和国政府和苏维埃社会主义共和国联盟政府关于生产新式武器和军事技术装备以及在中国建立综合性原子能工业的协定》。这就是中苏两国历史上有名的"国防新技术协定",也叫"10月15日协定"。协定中确定,为援助中国研制原子弹,苏联将向中国提供原子弹模型。后来,西方历史学家习惯于把这一时期称为中苏两国的"蜜月"时期。

这个时候,苏联和美国都已成功爆炸了氢弹,并研制出洲际导弹。就在这次谈判期间,苏联于10月4日发射了世界上第一颗人造卫星,轰动了全世界。这次谈判,虽然苏联为中国提供的大多是过时或即将过时的装备,虽然这些东西一样得花钱购买,虽然承诺还只是写在纸上的文字,虽然苏联拒绝中国代表团参观核心工厂并拒绝提供核心技术,但一穷二白的新中国对此已经知足了。

18天之后,毛泽东率中国代表团来到莫斯科,与彭德怀、宋庆龄、郭沫若等人一起参加苏联"十月革命"40周年庆典。然后,毛泽东和12个社会主义国家领导人一起签署了《莫斯科宣言》。在克里姆林宫的小礼堂里,苏联专门给毛泽东和中国代表团安排的原子弹、氢弹爆炸的纪录片，令观看者深为震撼。看完电影后，毛泽东对身边的人说："这次到苏联，开了眼界哩，看来原子弹能吓唬不少人，现在美国有了，苏联也有了，我们也可以搞一点嘛！"

4. 受命制造"大炮仗"

中苏"10月15日协定"确定了苏联向中国提供原子弹模型，而中国方面则需要组织研制原子弹的科技人员队伍。1958年春天，第二机械工业部（简称"二机部"，后改名为核工业部）部长宋任穷对副部长、原子能研究所所长钱三强说："发展核武器，现在的关键是缺乏核物理研究人才。我把你请来，希望你能推荐人才，把这些人才集中在一起，先攻下原子弹。"

为了进行核武器研制，1958年7月，二机部在北京成立了核武器研究所，即九所。二机部九局（核武器局）局长李觉兼任所长，副局长吴际霖、郭英会兼任副所长。九所刚成立时，尚未开展有效的研究，其首要任务是准备接收由苏联提供的原子弹模型和图纸资料。

这个时候，中国杰出的核物理学家基本上都在钱三强任所长的原子能研究所。李觉手下能干的人不多，他为此十分焦急，想往里调人，又不知道调什么人好，除了业务能力，那个年代还有一个极其重要的用人标准——政治上

第二章 一定要造出"争气弹"

绝对不能有问题,因为从事的是极度保密的工作,不容有任何闪失。

李觉找到刘杰、钱三强,说其他人可以暂缓,但必须马上调一个人来组织接收苏联援助的原子弹模型,以及资料的翻译、学习。

刘杰当即表态最好由钱三强物色合适人选。

钱三强分析说,调的这个人除了政治条件好、组织观念强,业务水平也要过硬,还要有很强的组织协调能力,而且必须是年轻人,年龄大的人在体力、精力上都吃不消。

李觉说:"这样的人恐怕很难找。"

钱三强却笑着对李觉说:"这个人两年前我就已经给你准备好了。"

刘杰、李觉同时愣了,赶忙问道:"是谁?"

钱三强说:"邓稼先!"

邓稼先曾在中国科学院院部任副学术秘书,钱三强为秘书长,因而对邓稼先十分了解。1958年仲夏的一天,邓稼先接到钱三强打来的电话,他预感到将有重大事情发生,怀着既兴奋又有些忐忑不安的心情,走进钱三强的办公室。

见面后,钱三强直奔主题:"小邓,我们要放一个大炮仗,调你去做这项工作,你觉得怎么样?"

"大炮仗?"出身核物理专业的邓稼先立刻明白了它的含义,不过,面对这项突如其来的艰巨任务,他不免惶恐不安,小声问道:"钱副部长,您看我行吗?"

"当然不是你一个人,而是许多专家与你一起工作。不过,你的工作十分重要而光荣,这是组织的决定。"

"我的任务是什么?"

"你近期的任务是向苏联来华专家学习,弄懂即将从苏联运来的那颗模型弹,另外还有一车皮资料,你带人去翻译。"

一直以来想为祖国的国防建设做贡献的愿望,终于要实现了,邓稼先心情十分激动,同时也明白这个担子的重量。

钱三强的识人眼光让邓稼先的同窗好友杨振宁十分佩服。邓稼先去世后的第二年,即1987年的11月17日,杨振宁从纽约写信给钱三强,对他慧眼识人表示敬意。1990年杨振宁发表谈话,再次盛赞钱三强推荐邓稼先。他说:

我也很佩服钱三强先生推荐的是邓稼先去做原子弹的工作。因为那时候中国人很多呀,他为什么推荐邓稼先呢?我想,他当初有这个眼光,指派了邓稼先做这件事情,现在看起来,当然是非常正确的,可以说做了一件很大的贡献。因为他必须对邓稼先的个性、能发挥作用的地方有深切的了解,才会推荐他。这个推荐是非常对的,与后来整个中国的原子弹、氢弹工作的成功有很密切的关系。邓稼先是一个很聪明的人。不过,我想他的最重要的特点是他诚恳的态度,跟他的不懈精神,以及他对中国的赤诚的要

第二章 一定要造出"争气弹"

贡献他的一切的这个概念。

对邓稼先和许鹿希来说,婚后前 5 年是他们最快乐的日子。这段时间,他们浪漫而甜蜜,温馨而富足。但随着邓稼先工作的突然变换,家庭生活的轨迹也改变了。许鹿希一直记得邓稼先接受任务后回到家里的情景。

那天,邓稼先回家比平时晚一些。进门时,4 岁的女儿典典正和 2 岁的儿子平平玩耍,一切和平时一样,许鹿希随口问了一句:"今天怎么晚了?"邓稼先只点了点头,没有作答。

草草吃过晚饭后,邓稼先没有陪孩子们玩耍,也没有和许鹿希说话,一个人沉默地坐了一会儿,就独自上床休息了。他在床上翻来覆去,怎么也睡不着。许鹿希从丈夫的异常表现中感到些许不安。她躺在丈夫身边,也难以入眠。那天晚上,天上的月亮又圆又亮,以往遇到这样的夜晚,他们都要出去走走,在月光下闲庭信步。可是,今天晚上邓稼先却没有了这份闲情逸致。

夜已经很深了,窗外银色的月光洒满大地。许鹿希注意到丈夫也在望着窗外的月亮。一阵长久的沉默之后,她有些沉不住气了,问道:"你今天是怎么了?"

听到妻子的问话,邓稼先干脆坐起来,靠在床沿上,轻轻地拉着她的手,眼睛却依然看着外面的月亮,说:"希希,我要调动工作了。"

"调哪儿去?"

"这不能说。"

"做什么工作?"

"这也不能说。"

"那给我一个信箱号码,我给你写信。"

"这恐怕也不行。"

简短的对话,让许鹿希十分难过,看来不能再问下去了。他们结婚的时间还不是很长,孩子年幼,虽说是工作调动却不知道他去哪里、去干什么,许鹿希不能不想得更多。丈夫新工作的神秘让许鹿希的心情十分沉重。邓稼先看妻子不再询问,转头看她,那是一张忧伤的脸庞。为了安慰,他心疼地说,如果他做好这件事,这一生就活得很有价值。他突然又补充了一句:"就是为它死了也值得。"听到这话,许鹿希的眼泪流了下来,不解地问道:"你到底要调到哪儿去啊,做什么事情要下这样的决心?"

邓稼先不能正面回答,只是温柔地说:"工作会很忙,家里的事情我是管不了了,一切就辛苦你了。"跟邓稼先生活了这么多年,许鹿希早就了解自己的丈夫,既然他下了这样的决心,一定是不能改变的,他情愿付出生命也要去干的事情也一定不简单。

搞原子弹研制,必须隐姓埋名,不能发表学术论文,不能公开作报告,不能出国,不能和过多朋友来往,不能泄漏自己的工作地点,更不能公开工作内容,不能告诉父母亲人……这种秘密工作的要求很多，不仅要让一个人放弃名利，而且还可能改变一个人的性情。

对于这一切，邓稼先心中已有准备。放弃名利对他来说不成问题，他本来也不是追逐名利的人；但是断绝和很多朋友的来往，把自己的人际交往范围限制在一个狭小的圈子里，对于性格活跃又很重感情的他来说，需要经过一个难熬的适应过程。

他不慕虚荣，却有很强的荣誉感。被党选中从事秘密工作，这种政治上的信任对他的精神鼓励十分强大，何况是去造原子弹！

但是万事开头难，这副担子实在太沉重了。邓稼先有从事核物理研究的经历，在原理上不是外行，但是原理和武器之间的距离可谓相差十万八千里，他生怕自己肩不能扛，无法向党和人民交代。

那天晚上，邓稼先和许鹿希都心事重重，对未知的将来既紧张又惶恐，两人度过了一个不眠之夜。

5. 白手起家，从零开始

邓稼先是第一批到九局报到的科学家，同时报到的一共有3个人。新成立的九所选址在北京北郊，当时那里是一大片高粱地。1958年8月，28名大学毕业生在邓稼先的带领下,开始了制造"大炮仗"的第一步——盖房子。

按照苏联专家的意见,这片高粱地上要建造一间原子弹模型大厅。为了早日进行科学研究,邓稼先带领28个年轻人和施工队一起,砍高粱、平场地、修路、挑土、抹灰、砌墙,为原子弹的研制工作做"热身运动"。

作为出身于书香门第的高级知识分子,邓稼先对个人生活毫不讲究,不挑吃、不挑穿、不挑住,干活非常卖力气,尽管"一看就是个没干过活的人",但他干活的认真劲儿却让人连竖大拇指。

当时的工地食堂非常简陋,连桌椅都没有,大家打好饭菜只能端出来,几个人一起,蹲在地上吃。邓稼先常常吃到一半就把饭盒放在地上,跟别人聊起工作来。有好几次,他的饭菜成了工地上放养的鸡的"高级饲料"。大家看到他的饭又被鸡吃了,又好笑,又不好意思,都纷纷将自己的饭菜拨给他。

北方的初秋,太阳依然火辣辣的,但大家干劲十足,一个个赤膊上阵。他们在工地上拉起了一条标语:"晒黑皮肤,炼红心。"终于,在大家齐心合力、昼夜不息的劳苦下,原子弹模型大厅盖好了。

大厅建成,模型却一直没有见到,这让邓稼先大失所望。按照协定,1958年7月,苏联派来了一个3人专家顾问组,组长是37岁的叶夫盖尼·涅金,他是苏联核武器研究院第一副总设计师;另外两位是同为40岁的马斯洛夫和

第二章 一定要造出"争气弹"

加夫里洛夫,他们都是苏联在核武器研究方面的顶尖人物。三位苏联专家来华的目的,是察看存放原子弹模型及资料的条件是否具备,并帮助二机部规划核武器研究机构。苏联方面认为中国修建原子弹模型大厅至少需要半年时间,结果只用了40天。

钱三强、刘杰、李觉、吴际霖等人陪同苏联专家检查刚建成的原子弹模型大厅,看了一圈后,涅金比较满意,但马斯洛夫却提出:"这么重要的设施,应该有围墙,用电网保护起来,还应该有严密的保密措施。"

二机部九局局长兼核武器研究所所长李觉答应马上照办。几天后,大厅周围建起了高高的砖墙,墙上安装了铁丝网,门口也布上了岗哨。这时,马斯洛夫又皱着眉头指了指脚下的土路说:"原子弹模型非常敏感,这些路不符合要求,运来了模型也无法通过这样的道路运进去。"

李觉只好说:"好的,路我们马上修好。"

修路的时候,聂荣臻、陈赓、宋任穷、钱三强等领导都曾利用晚上的时间来参加义务劳动。路面很快铺上沥青,十分平整,应该说无可挑剔了。谁知,三位专家来验收时,马斯洛夫指着模型大厅的门窗又说:"这种普通窗户不行,不符合保密规定。"

担任组长的涅金态度一直很随和,他听到同事的挑剔后也不高兴了,说:"马斯洛夫同志,第一次、第二次来你为什么不提醒他们注意这些问题呢?这样既浪费了他们的时间，也浪费了我们的时间，还有哪些问题，请你今天一并告诉中国的同志。"

马斯洛夫说："只有这个问题了。"

涅金便对李觉说："把窗户装上铁栏杆就行了。"

李觉马上回应："我们很快就能办好。"

涅金见中国方面积极按照苏方代表的要求办，心里很满意，说："好吧，这里一切都很好，完全符合要求，我们不再来看窗户了。我们将马上向国内报告，请示尽快将原子弹模型和技术资料运来。"

涅金的这一表态让李觉等人喜出望外。

那段时间，邓稼先带领一帮人在工地上干得热火朝天。他犹如一块磁石，紧紧地把年轻人吸引到他的周围。邓稼先待他们，就像对待弟弟妹妹。刚开始，大学生们还"主任、主任"地叫，但是邓稼先一再声明："你们就叫我老邓！"白天，年轻人在他的带领下并肩劳动；夜晚，他又成了他们的"扫盲"教师。在"扫盲班"上，邓稼先还给这些年轻人起了绰号，如来自湖南、四川、贵州这些"辣椒窝"里的人，被邓稼先冠以"红椒""青椒""朝天椒""尖椒"等称呼，有的则按其生肖叫"白马""白虎""白鼠""白羊""白兔"……

这28个年轻人都是应届大学毕业生，他们并不知道当时盖的房子干什么用。一位绰号"红椒"的年轻人，大学学的是力学，原以为在这里可以好好跟着邓稼先研究物理，

第二章 一定要造出"争气弹"

谁知被分配到这里后,接连干了几十天的"小工"。一天,他实在忍不住了,向邓稼先请求分派给他一些与力学相关的科研任务。邓稼先看着"红椒"那单纯稚气的脸,不知该怎样向他解释,国家的最高机密绝不能泄露。他很为难,只好说将来做的工作会非常伟大。

随后,看着围在他身边的其他年轻人,他说:"你们所学的专业都会派上用场,不要着急。现在我就给大家分配任务。"说着,他从随身带的书包里掏出三本书,笑吟吟地说:"这是戴维斯的《中子输运原理》、泽尔多维奇的《爆震原理》,还有普朗特的《超音速流与冲击波》,你们目前的任务是先把这三本书读懂。"

"青椒"一向反应机敏,他从三本书的书名中似乎品出了其中的含义,马上脱口而出:"这些书好像都跟原子弹有关,莫非我们是……"

"嘘——"邓稼先装出一副很严肃的样子,将食指竖在嘴唇前,低声说道,"领导不是交代了吗?不要乱问也不要乱说,'青椒'又违反纪律了。"

大家看见邓稼先那滑稽的样子,都笑了起来,心里也明白了一些。

"好了,猜对也罢,没猜对也罢,我就不明说了。我们眼下的任务是向苏联专家学习,看懂苏联专家援助我们的那个模型,翻译俄文资料。"

从此,这三本书便成了这个"扫盲班"的课本。28个初出茅庐的青年在邓稼先的引领下,渐渐走进了原子弹研究工作的大门。当时,因为学习经历的限制,核物理对这些年轻人来说还是一个陌生的世界,所以,邓稼先的"扫盲"要从最基础的知识点讲起,第一课可以说是从零开始。

冬天很快就到了,由于没有了高粱地里的"青纱帐",研究所周围一下子变得空旷起来。参加"扫盲班"的年轻人住的是自己动手盖起来的宿舍,墙是湿的,地是湿的,被褥也被洇湿,屋里比屋外还冷,条件十分艰苦。

邓稼先也时常忍受不了屋里的湿潮阴冷,于是带着几个年轻人躲进研究所宿舍对面的一家副食商店去看书,因为这家副食商店有一个总是烧得通红的大铁炉。售货员也很热心,每次都给他们每人搬来一张小凳子。

领导交给邓稼先的第一个任务是从苏联专家那里学本事。不过,苏联的援助从一开始就是有限度的,苏联专家对涉及核武器方面的内容往往缄口不言。当时在中国核工业系统工作的苏联专家有200多人,这些专家的态度各不相同。有的专家对中国很友好,虽然不敢突破苏联政府的限制,但态度和蔼友善,只要不涉及原子弹的内容,他们会跟中国专家们聊得热火朝天,而有些苏联专家则不是这样。

苏联核武器专家涅金、马斯洛夫和加夫里洛夫在北京期间,应二机部邀请,在很小的范围内讲了一堂关于原子弹的课,他们三人分别讲了原子弹的原理、结构和设计。时间是 1958 年 7 月 15 日,地点在二机部宋任穷、刘杰合用的办公室。听课的人有二机部部长宋任穷、副部长刘杰、袁成隆、钱三强,以及九局副局长吴际霖、郭英会,还有翻译朱少华。九局局长李觉因为出差,没有参加。苏联专家担心保密问题,刘杰告诉他们,这层楼只有这个房间里的这些人,同时,他还专门安排人在楼梯口守着,别人一律不准到这一层来。

讲课前,苏联专家提出不能记录。讲课时,他们在黑板上画结构图,讲一些基本原理,但很少透露数据,而且多次提醒不要记录。不过,听课的几个人都记了一些,钱三强和吴际霖记得更多。讲完课后,苏联专家提出要把笔记本收上来,当场烧掉。宋任穷反应快,站起来说:"同志们,我是中国政府的部长,上将军衔,也是中共中央委员,你们应该相信我,把记录本交给我处理,你们就放心吧!"三位苏联专家听了翻译的内容后,商量了一下,勉强同意了。

事后,这六本笔记本被锁进二机部的保密柜里。而讲课的事情,除了在场的人,其他人一概不知情。

应该说,这是一堂对中国原子弹事业很重要的课。宋任穷后来在回忆录里说:"这次报告对我们研制原子弹初期工作是有益的,起到了引路的作用,加快了研制进程,争取了一些时间。可是他们讲的,毕竟只是一种数学概念，不是工程设计，而且有的数据根本不对。"刘杰认为，除了最后一个数据不准确外，其余大体都是事实。关于数据，宋任穷说："我们用了 2 年左右的时间，经过反复计算才弄清楚。后来的研制工作完全是靠我们自己的科技人员……"

三位苏联专家讲过课之后，又在邓稼先等人的分别陪同下，到几个核工业部门进行参观，并提出一些比较中肯的意见和建议。可以说，这三位苏联核武器专家对中国是很友好的。1958 年 9 月之后，他们相继奉调回国，而且走得很匆忙，一去便再没有消息。后来据说因为他们三人在华期间透露了太多原子弹的信息，有人回国后还受到了处分。

涅金、马斯洛夫和加夫里洛夫仓促离开后，苏联方面又派来一个顾问，名叫鲍里斯·列捷耶夫。他吸取了前面三位的教训，来中国后三缄其口，年轻人向他请教原子弹的知识，他便顾左右而言他，时常偏离正题。他整天待在屋子里，不与中国的科技人员有过多接触。刘杰代表部里找他请教，希望他给九所的人安排工作，过了很久，他只提了三条：一是组织已经调来的全体人员学俄语，二是新来的大学生要学一本苏联出版的《流体力学》，三是已经调来的一部分技术工人要重新返回工厂实习。至于搞原子弹研究，他抱定了不闻不问、不予理睬的态度，而中方也无可奈何。时间一长，大家开始叫列捷耶夫为"哑巴和尚",意思是光打坐不念经。另一方面,中国科学家只好反求诸己,一遍遍地研究、论证、钻研理论,使之尽早用于核研究实验。

6. 苏联毁约

在众人对原子弹模型的热切期盼中,1958年10月,二机部终于收到了苏联原子能利用总局供应局局长波里雅可夫的来函:"原子弹模型及技术资料将于1958年11月发至中华人民共和国。"

根据宋任穷的指示,刘杰安排物资供应局局长姜涛负责接运原子弹样品和技术资料。姜涛马上安排人早早赶到满洲里去接货,但是整个11月份过去了,还是没有接到来自苏联的任何东西,派去的人急得如热锅上的蚂蚁。

当时,苏联国家原子能利用委员会派往中国的总代表叫索洛维也夫。姜涛找索洛维也夫交涉,索洛维也夫回话说,样品和资料已经到西伯利亚,他决定和姜涛一起带人去满洲里接运。他还说,为保密起见,火车票由他安排苏联大使馆购买,让姜涛和他的人随时听候指令,择机出发。

因为怕误事,姜涛不敢回家,每天都住在办公室,做好随时出发的准备。但就在出发的前一天,索洛维也夫又通知姜涛说:"西伯利亚这时的气候太冷,不能发运,暂时不去了。"

直到 1959 年二三月间，索洛维也夫又通知说，准备发运货物，要中国方面去接收，并且表示仍由他负责买火车票。但在出发前一天，索洛维也夫又通知说莫斯科没有发检验证明，不能发运，要继续等。

又过了两个多月，索洛维也夫紧急通知中方说货已到边境，火车票也买好了，让姜涛准备带人出发。这回姜涛等人异常兴奋，心想这回都运到边境了，应该不会再有什么差错。不料他们刚要动身，索洛维也夫打来电话："先不要去了。"

这时，姜涛已经在办公室睡了四个多月，他像被迎头浇了一盆冰凉的水一样，情绪激动地在电话里大声问道："为什么？"

索洛维也夫在电话那头说："我们斯拉夫斯基部长感冒了，不能签字，货不能发……很抱歉。"

苏联一拖再拖，很明显是不想给，中国期盼的那些"宝贝"始终没有来。在相当长的时间里，参与这项工作的很多人并不知道它迟迟不到的原因。

后来，赫鲁晓夫在他晚年的回忆录中道出了原因："我们的专家建议我们给中国一枚原子弹样品。他们把样品组装起来并装了箱，随时可以运往中国。这时，我们负责核武器的部长向我汇报，他知道我们同中国的关系已经恶化到不可挽回的地步……我们专门开了一次会，决定该怎么办。我们知道，如果不给中国送去原子弹，中国人一定会指责我们违背协议、撕毁条约，等等。另一方面，他们已经展开了诽谤我们的运动，并且开始提出各种各样令人难以置信的领土要求。我们不希望他们获得这样的印象，好像我们是他们驯服的奴隶，他们要什么，我们就给什么，而不管他们如何侮辱我们。最后，我们决定推迟给他们送去样品的时间。"

时隔 38 年，涅金在回忆录中也写到此事。当时，原子弹的样品和技术资料确实已经装车待运，停在某个离中国不远的车站上，只等莫斯科下令。可是有一天，党的领导接到请示后非常愤怒："什么原子弹？运到哪里去？你们怎么了，都疯了？不要运，快点告诉他们，立即将所有材料销毁。"这样一来，材料被销毁，那辆专列开回原地，警卫人员也撤走了。

这个时候的中国方面还蒙在鼓里，什么都不知道。

与此同时，中国核工业建设的速度大大出乎苏联方面的预料，到 1959 年年初，二机部所属的内蒙古包头核燃料元件厂、甘肃兰州铀浓缩厂、甘肃酒泉原子能联合企业等首批主要工程都已取得了很大进展，中方迫切需要苏方早日提供生产原子弹的技术资料，等核燃料工厂建成，生产出裂变物质后，即可投入武器的生产，并定于 1962 年进行首次核试验。

然而，苏联方面迟迟不能履行"10 月 15 日协定"中的核心内容,提供原子弹模型和技术资料。二机部多方协调,苏联答复说,中方提出的意见有道理,也有必要,但因为需要对协定中的内容进行补充修改,所以还应由中国政府正式向苏联政府提出,派代表团赴苏谈判,解决相关的问题。

在这种情况下,1959年6月下旬,中方组成了以宋任穷为团长的代表团,准备起程前往苏联。然而这时,中国收到了一封苏共中央致中共中央的信。信的大致内容是:中国二机部部长要求现在就把原子弹的样品和技术资料转交中国,这个要求正赶上日内瓦会议拟定禁止试验核武器的协议,政府首脑会议也即将召开。考虑到西方国家获悉此事后,很有可能严重破坏社会主义国家为争取和平与缓和国际紧张局势所做的努力,因此在当时条件下,只能暂缓向中国提供原子弹的样品和技术资料,至于将来如何共同行动,2年以后看形势发展再定。

信中提到的2年以后再定,实际上是无限期推迟。从这封信来看,苏联在原子弹方面对中国进行援助的可能性已经微乎其微。随着时间的推移,大家预感中的变化终于到来了:1960年7月16日,苏联政府照会中国政府,决定自1960年7月28日至9月1日,撤走全部在华苏联专家。

而在此之前,苏联撤走专家的计划就已经开始实施。在苏联照会中国政府以前,二机部核武器研究所的苏联专家数量就已经很少了。

第二章　一定要造出"争气弹"

1960年6月上旬，有几位苏联专家提出要回国避暑，结果一去不复返。7月6日，在九所工作的8名苏联专家接到命令，在聘请合同尚未到期前就回国了。7月8日，正在兰州铀浓缩厂现场负责安装工作的5名苏联专家也突然奉命离开。很快，在这个厂工作的设计、安装、生产工艺专家接连离去。至8月3日，不到两个月时间，所有苏方人员全部撤完。与此同时，苏方承诺提供给我国的设备材料也随即停止供应。

苏联之所以撕毁合同、撤回专家，也许要从1958年4月说起。

1958年，苏联连续向中国提出两项损害中国主权的建议，隐隐显示出军事上控制中国的意图。4月18日，彭德怀收到苏联国防部长马利诺夫斯基的信。信中说，为了指挥苏联在太平洋地区活动的潜艇，苏联迫切希望在1958年至1962年，由苏联和中国共同建设一座大功率长波电台，资金主要由苏方承担。

中国最高层反复研究了这封信的意图，毛泽东认为："这封信给我们出了一个大难题。不同意，伤和气，尤其是苏联帮我们在前。可是我们不可能拿原则、主权去讲这个和气。我们不与任何国家搞军事同盟。现在困难不搞，将来强大了也不搞；主权问题更是半点不能含糊。"

毛泽东与刘少奇、周恩来、彭德怀多次研究后决定：同意共建这个电台，按苏联提出的，1958年至1962年建成，建成后两国共同使用，欢迎苏联提供技术支持，但一切费用均由中国承担，由中国负责管理，所有权归中国。

6月12日，彭德怀按研究决定复信给马利诺夫斯基。但是，苏联方面强行忽视了中国拥有长波电台的全部所有权这一原则性立场，一个月后，苏联在向中方提出的协定草案中，仍坚持电台由中苏双方共同建设和管理。

对于苏联的协定草案，中国方面表示不能接受。

就在双方为是否共建长波电台一事相持不下时，苏联又向中国提出建立共同潜艇舰队的问题。当时，苏联多次向中国谈到现代海军舰艇的发展趋势和苏联研制新型潜艇的情况，建议中国向苏联订购先进的海军装备。6月28日，周恩来据此给赫鲁晓夫写信，希望苏联在中国海军建设方面给予技术援助。得知中国的这些要求后，苏联政府表明立场，并命驻华大使尤金与中国最高领导人毛泽东会谈。7月21日，毛泽东在中南海和尤金见面，当时在场的还有周恩来、彭德怀等人。

双方见面后先稍事寒暄，随后尤金说：“今天我来拜见主席同志，是有一件重要的事情。赫鲁晓夫同志让我以他的名义向您提出，为了应对台湾海峡的紧张局势，希望中苏两国合力建立一支共同的潜艇舰队。”

毛泽东听后稍微顿了一下，说：“又是共同，建在哪里呀？”

尤金说：“我们已经试制出很先进的新型潜艇，这种

第二章 一定要造出"争气弹"

潜艇就是为了在太平洋对付美国第七舰队。但是,苏联的国土条件不能充分发挥新型潜艇的作用。中国的海岸线很长,条件很好,因此希望在中国的某个地方建立一支共同的潜艇舰队。"

毛泽东听了很生气,说:"你们是什么意思?为什么要这么个搞法?要搞,首先明确方针,是我们办,你们帮助,还是只能合办?不合办,你们就不给帮助?你们得说清楚,不能这么不明不白地办。"

尤金一时支支吾吾,解释不清。毛泽东严厉地说:"你讲不清,就请赫鲁晓夫来讲!"

尤金走后,彭德怀在屋里来回踱步,难抑怒火,他说:"电台架在我们岸上,潜艇驻在我们港口,天天在我们的领海区内转悠,这叫什么事?"

周恩来说:"一个联合电台,一个联合舰队,中国的海防就不在自己手里了。请神容易送神难,一旦同意苏联派人进来,再想让他走可就是难上加难了。"

彭德怀又说:"他要不高兴,想翻脸咬人,那还不是张口就来!"

毛泽东仿佛没有听到他们的对话,始终沉默着,他用力吸烟,一言不发。

尤金一到大使馆,立即给莫斯科发紧急电报说明情况,得到莫斯科回复后再次求见毛泽东。第二天见面后,尤金还是一再强调建立联合舰队的目的是对付美国,建长波电台的目的是指挥太平洋的潜艇舰队，因此都必须在中国建。苏联迫不及待的态度正印证了中国领导人之前的想法：除了对付美国，苏联恐怕还有个不可告人的目的，那就是逐步控制中国。

这一次会见，除了毛泽东、周恩来、彭德怀之外，陈毅、聂荣臻、叶剑英等人也参加了会晤。毛泽东听了尤金的解释，更为恼火地说："你们想建立共同核潜艇舰队，但你们可以帮我们造嘛，你们当顾问，当老师，这些都是能商量的。可你们为什么提出所有权各半的问题？这是一个政治问题，要讲政治条件，连半个指头都不行。……在这个问题上，我们可以一万年不要援助！"他又说："你们可以说我是民族主义……如果你们这样认为，那我们也可以把你们的所作所为理解成苏联的民族主义扩大到中国的海岸……"

这次会面中毛泽东的立场和态度很鲜明，他多次追问："苏联的真实想法究竟是什么？你告诉我！"

尤金回答不出来。毛泽东大为震怒，说："不行！这个问题我们必须弄清楚。如果你讲不清、不便讲、讲了不算，请你转告赫鲁晓夫同志，请他来讲。"

尤金没办法，只好给赫鲁晓夫拍了电报。赫鲁晓夫为中方的坚决态度所震动，决定亲自来华会谈。仅仅隔了几天，7月31日，赫鲁晓夫便秘密来华。

这次中苏双方最高级别的秘密会谈一开始，赫鲁晓夫就将责任全部推到尤金身上,说他没有将苏联政府的建议表达清楚,然后又把先前尤金说过的内容重复了一遍。他讲了将近半个小时,毛泽东不高兴地打断他:"赫鲁晓夫同志,你讲了很长时间,但没说到正题。"

赫鲁晓夫有些尴尬:"我们只是有这个想法,想跟你们商量。合力建一个共同舰队,再建一个长波电台进行指挥……"

毛泽东依然板着脸:"请你告诉我,什么叫共同舰队?"

赫鲁晓夫支支吾吾地说:"共同嘛,就是共同商量商量的意思……"

毛泽东的脸色越发难看了:"什么叫共同商量?我们还有没有主权?你们是不是想把我们的沿海地区都拿去?你们还想在我们的国土上干什么?"

赫鲁晓夫对毛泽东的愤怒始料不及,但既然来了,他也想把事情谈成,所以耐着性子继续解释道:"毛泽东同志,我们没有这个意思,不要误解。我们在国内已经商量过了,现在专程来和中国同志商量,就是要共同加强我们社会主义国家的防御力量……"

毛泽东紧抓赫鲁晓夫言语中的漏洞,说道:"你这个意思不对,你们明明是搞联合舰队!"

第一次会谈不欢而散,双方不仅没有任何结果,而且都有些尴尬。接着又谈了第二次,无论赫鲁晓夫拿出什么样的理由说服中方，毛泽东都坚决不松口。

　　看着谈判桌对面"油盐不进"的毛泽东，赫鲁晓夫皱起眉头说："没想到这项提议引起你们这么大的误解，这就不好商量、不好办了。"他也许想到这样收场，自己脸上无光，便退了一步又建议道："毛泽东同志，我们能不能达成某种协议，让我们的潜艇在你们国家建一个基地，以便将来中途加油、修理、短期停留？"

　　毛泽东听后不假思索地拒绝道："不行！"

　　赫鲁晓夫再也控制不住了，他愤怒地说："北约在互相合作方面没有什么麻烦，可我们之间竟连这样一件事都不能达成一致。"

　　毛泽东不为所动，仍然十分坚定地回道："不能。"

　　赫鲁晓夫只好又说："为什么要这样误解我们呢？毛泽东同志，你是知道的，我们给你们提供了许多援助。"

　　毛泽东听到这儿，语气柔和了一点："这是另一个问题。在我们最困难的时候，苏联人民向我们伸出了宝贵的援手。滴水之恩，当涌泉相报，我毛泽东和中国人民不会忘记这份恩情。但友谊和主权不能混为一谈。其他问题都好说，主权，半个小指头的让步都不行。"

　　会谈结束前，毛泽东说道："英国人、日本人，还有别的许多外国人在我们的国土上待了很久，被我们赶走了，我们再也不想让任何人利用我们的国土，来达到他们的目的。"

第二章 一定要造出"争气弹"

此次中国之行，赫鲁晓夫一无所获。20年后，他在回忆录中这样写道："我记得很清楚，1958年毛泽东是如何断然拒绝了我们要求在军事方面合作的努力。我不明白他为什么那样动怒，他始终也没有允许我们在中国建立潜艇基地。"

赫鲁晓夫就这样黯然离开了北京。中苏关系笼罩在阴影之下。据说，苏联驻华大使馆的人对苏联核专家说："赫鲁晓夫同志走了，你们也该收拾行李了。"

长波电台、联合舰队的风波虽然已过去，但给中、苏双方都留下不愉快的记忆，中、苏两国的裂痕逐渐明显化。苏联毁约停援，给中国核工业建设造成了无法估量的损失，刚刚起步的核工业又陷入了巨大的困境之中。

中苏协定规定，苏联将援助中国建设30个核工程项目，并为中方提供相应的技术支持，但到苏方工作人员全面撤离前，还有23个项目没有完成。由于苏联撤走专家，停止设备材料的供应，有9个工业项目被迫停工，成了"半拉子"工程。其他一些即将建成的工业项目，或因缺少某些配套的设备仪表，或因缺少某些图纸资料，均推迟了建成投产的时间。

工程设计方面也遗留了大量的问题。在已经完成或基本完成设计的16个项目中，有的文件资料不完整，有的还有技术疑问，有的图纸差错众多。另外14个工程项目的设计仅开了头，而中国设计人员尚未掌握其中的核心技术，必须从头做起，难度之大可想而知。许多设备、仪表、材料，中国还无法生产，而西方国家又对中国实行物资、技术封锁。据统计，在30个项目中，已经供完或基本供完的有13项，有16个项目只提供了一部分技术，有1个项目完全没有供货，特别是一些关键设备和新技术没有提供，使研制工作无法按照之前预想的方向继续下去，中国不得不组织力量从头做起。

苏联专家一走，只能寄希望于中国自己的科学家了。二机部副部长刘杰找来邓稼先，对他说："今后只能靠我们自己干了。"其实，理论部的同志早就自己琢磨研究开了。他们坚信，只要齐心协力，发挥聪明才智，别人能做出来的东西，他们一样可以做出来。

为了记住1959年6月苏联停止援助中国这个特殊的时间，后来中国第一颗原子弹工程的代号就确定为"596"。

第三章 "我们自己干!"

这是一段刻骨铭心的日子,也是让无数中华儿女自豪的岁月。经过不懈的努力,邓稼先和他的团队在艰苦卓绝的环境中不负众望,终于在祖国的上空升起了乳白色的"蘑菇云"。

1. 挑起千斤重担

自1958年8月调入二机部九所后,邓稼先就担任理论部主任。理论部是九所的"龙头",也就是说,邓稼先实际上成了中国原子弹理论设计的总负责人。

一个34岁的年轻人担任原子弹理论设计的总负责人,这是一个什么样的重担?邓稼先承受着多么大的压力?外行人也许难以想象。但参考美国当年研制原子弹的过程,也许能使我们对这个问题有更直观、深入的了解。

美国的原子弹理论设计工作始于1942年。"原子弹之父"奥本海默集合了一小批著名的理论物理学家,专门探讨原子弹的理论设计。他们在理论设计的过程中遇到了许许多多的难题。比如横截面问题,这是衡量某种核反应出现的概率问题。理论物理学家派尔斯对此有一个通俗的比喻:如果对准一个面积为1平方英尺的玻璃窗扔球,可能在10次中有一次把窗户打破,有9次球被反弹回来。换句话说,如果玻璃窗是核材料铀235,而球是从外面向它扔去的中子的话,此时打进铀235原子核内并使它分裂的机会有一次,而被铀235原子核反弹向别处的情况可能有9次。这样一来,核分裂反应的概率为十分之一。

又如起爆问题。提前起爆会降低原子弹的效率,推迟起爆也会降低效率。为了取得高效率,需要在弹芯和外围反射层之外再加一个起爆器,也就是一个镭加铍的中子源,或者一个钋加铍的中子源。这意味着起爆时间要极其精确,不能早,也不能迟,要它爆炸就立即爆炸,不要它爆炸就绝对不能爆炸。这个嵌在原子弹最里面的中子源得非常精确可控才行。

那么,用什么材料来做起爆剂呢?根据1986年解密的美国资料,我们了解到起爆剂是原子弹里面很小的一个部件,只需要有一两个中子就能启动链式反应。关于起爆剂的设计,国外始终保密,直到现在,各国起爆剂的具体技术仍属军事机密。

还有一个大难题是枪法、内爆法问题,就是原子弹用什么方式爆炸的问题。枪法是用无烟火药把铀235弹头射向铀235靶环,二者合在一起时,铀235的重量超过临界质量,立即引起原子弹爆炸。内爆法可以想象为,把核材料铀235做得像切成4块的苹果样式,在它们的周围放置炸药,然后固定在一个极为坚固的球体中。点燃炸药后,爆炸力并不向外炸开球体，而是使 4 块分散的铀 235 均向球心集中，合成一个完整的圆苹果状，其重量超过临界质量，于是原子弹爆炸。

上述这些关键性的难题一个个地摆在邓稼先等科学家们面前，没有任何外援，一切都得靠自己去解决。

美国在 1945 年首次研制成功原子弹。如果说量子力学的发展和第二次世界大战是原子弹诞生的大背景，那么美国高度发展的工业及其拥有的众多世界一流的科学家，则是它首先研制成功原子弹的小背景。美国第一颗原子弹的研制团队非常强大，在科学史上是空前的。据不完全统计，这些人中先后获得诺贝尔奖的有 14 人以上，还有众多世界一流的科学家，其中包括：

尼尔斯·玻尔，丹麦人，1913 年提出原子定态、量子跃迁概念，促进了量子力学的产生。他领导的哥本哈根派和提倡互补哲学对 20 世纪科学哲学的产生有重大影响。

恩利克·费米，意大利人，1926 年首先提出费米-狄拉克统计，促进了人们了解和沟通宏观与微观现象。1934 年利用中子辐射产生许多人工核素，并因此获得 1938 年的诺贝尔物理学奖。

爱德华·泰勒，匈牙利人，被誉为美国"氢弹之父"。他在化学物理、核物理方面，特别是 β 衰变理论方面都有重要贡献。

詹姆斯·查德威克，英国物理学家，剑桥学派代表人物。1920年直接测出原子核的电荷，1932年发现中子，这是人类认识物质结构的一大进步，他也因此获得了1935年的诺贝尔物理学奖。

卡尔·大卫·安德森，美国物理学家，对伽马射线和宇宙射线有深入研究。1932年发现正电子，开创了人类认识反物质的新纪元，由此获得1936年的诺贝尔物理学奖。

哈罗德·尤里，美国宇宙化学家、物理学家，氘的发现者，提供了从铀238分离铀235的基本资料，获得1934年的诺贝尔化学奖。除了对化学有重大贡献外，他还对地球和其他行星起源理论做出重大贡献。

汉斯·贝蒂，美国德裔物理学家，1938年提出太阳氢核聚变的"碳循环"解释，正确说明了太阳产生热核能源，由此获得了1967年的诺贝尔物理学奖。

埃米利奥·吉诺·塞格雷，美国意大利裔物理学家。1955年和欧文·张伯伦一起发现了反质子，有力地促进了反质子研究，为此两人获得1959年的诺贝尔物理学奖。

冯·诺伊曼，美籍匈牙利数学家，早年在数理逻辑、集合论、泛函分析上有重大贡献，奠定了量子力学的数学基础，并创造了算子环（现在称为冯·诺伊曼代数）理论。1940年后，他转向应用数学研究，在流体力学、对策论上有重要贡献，特别是对电子计算机的理论设计做出奠基性贡献。在核武器研制中，他和波兰数学家斯塔尼斯拉夫·乌拉姆一起发展了蒙特卡罗法等有效的计算方法，为理论设计做出重要贡献。

格林·西博格，美国著名核化学家，发现并详尽研究超铀元素，在用于核爆炸的钚的制备中起到关键作用，获得1951年诺贝尔化学奖。

亚瑟·康普顿，美国物理学家，1920年发现X射线被晶体散射后波长发生变化，1922年正确揭示了这个被后人称为"康普顿效应"的现象。这个实验证实了光的波粒二象性，并证实微观系统遵循能量守恒和动量守恒定律，促成了量子力学的建立，1927年获得诺贝尔物理学奖。

除了上述著名科学家外，还有多名水平和贡献大体相当的科学家，不同程度地参与了美国第一颗原子弹的研制工作，其中多数是"曼哈顿工程"的主要参研人员，他们几乎从头到尾参与了这项工作，并取得极为重要的技术突破。

我国1958年研制原子弹起步时，与美国的工业水平差距很大。20世纪40年代初期和中期，美国的工业已经很发达，能够制造汽车、飞机、军舰，而我国在20世纪50年代末才刚刚能生产大卡车。不过，我国有一个巨大的优势——党的威望和号召力，人民的积极性和凝聚力。在原子弹研制的整个过程中，除了九所这个主战场外，先后有26个部（院）和20个省、市、自治区，包括900多家工厂、科研机构和大专院校参与了攻关会战。在尖端技术研究、专用设备和新型材料的研制方面，中国科学界有20多个研究所和许多部门参与解决了近千项研制课题。这就弥补了我国工业水平落后的不足。

实际上，最重要的差距不是工业，而是人才。

奥本海默受命研制原子弹时是38岁，那时他已经是物理学界著名的科学家，而邓稼先在1958年接受任务时是34岁，虽然是美国普渡大学的博士，对核物理这一学科已有一定的掌握，但仍只是中国科学院的副研究员，研究水平和名气都难以和奥本海默相比。与此同时，邓稼先领导的是28名刚毕业的大学生，平均年龄不到23岁，而奥本海默手下有一批研究成果丰硕的科学家。尽管我国后来还调入王淦昌、彭桓武、郭永怀等高水平的资深科学家，但研制队伍在人数上显然少于当年美国的国际团队，在总体水平上也比不上尼尔斯·玻尔那些世界顶尖的科学家。

万事开头难，人类第一颗原子弹的研制无疑是最困难的，后继者有前人的足迹可循，一般来说要容易得多。但中国研制原子弹却是例外。由于核武器属于国家的绝对机密，所以几乎无可借鉴，邓稼先他们在很多方面会遇到和首创者一样的困难，一切都得靠自己摸索。

研制原子弹的困难一般人难以想象，但是内行人却十分清楚。1964年我国第一颗原子弹爆炸成功后，美国报刊上再三提到邓稼先是这一项目的重要领导人，但同时也有传言说美国人参与了研制。1971年，杨振宁首次回大陆探亲，在北京与邓稼先见了面，情谊深厚的两人阔别22年，有说不完的话。这时，中国已成功爆炸了原子弹、氢弹，但原子弹是国家的机密，这个话题是绝对禁忌，两人心照不宣，所以极力避免提到相关内容。杨振宁离京临上飞机前，实在忍不住了，见只有他们两人，便在停机坪的栅栏口停住脚步，回身压低声音问道："稼先，我听说有一个叫寒春的美国人曾经参与中国原子弹的研制，这是真的吗？"邓稼先回答说："据我所知没有，待我证实以后告诉你。"

送走杨振宁后，邓稼先认为杨振宁的问题代表了国际舆论对中国研制原子弹的一个态度，于是立刻向上级请示，周恩来总理明确指示，要邓稼先如实告诉杨振宁，中国的原子弹、氢弹全部是由中国人自己研制的，没有一个外国人参加。于是，邓稼先连夜给杨振宁写了一封信，派人乘飞机赶往上海，在上海市领导为杨振宁饯行的晚宴上，送到杨振宁手中。杨振宁当场打开并阅读这封信，当他看到信中明确说中国的原子弹全部是由中国人自己研制的时候，竟抑制不住内心的激动，热泪盈眶，以至于不得不起身到洗手间擦拭眼泪和平复澎湃的心情。因为他深知这对当时的中国有多艰难，需要克服多少困难！

千斤重担压在肩上，加上严格的保密纪律和狭小的交际范围，邓稼先的性格发生了很大变化。据妻子许鹿希回忆，从1958年到1959年，一向爽朗健谈的邓稼先回到家里说话明显减少，原先家里欢快的气氛冷淡了，他和亲戚朋友见面非常少，见面后也是沉默寡言。做什么不能说，在哪里工作不能说，和谁在一起也不能说，还有很多不属于工作范围的事情也要避免谈论，因为担心有人从谈话中推测出什么，给国家造成损失。与工作以外的人们交往，他总是小心翼翼，有时对亲朋好友的问话也躲闪回避，不仅让别人对他产生了很深的误会，也使他的内心变得孤独沉闷。巨大的压力使邓稼先一紧张就会心慌，到后来，每次接到保密电话时，他的手都在发抖，说话的声音也很不自然。这里面既有性格因素，也因为他深知自己肩上的责任实在是"重于泰山"。

九所离邓稼先的家其实只有一站之遥，但是许鹿希一直不知道丈夫的工作地点和工作内容。因为保密规定，邓稼先乘坐公交车时甚至不能在附近的公交站下车，他总是在稍远的地方下车，再步行到单位。随着时间的推移，许鹿希和丈夫的小同事们逐渐熟悉起来。一贯忠厚耿直的邓稼先教同事们"骗"许鹿希："要是她在单位附近看见你们，就告诉她你们是来这边办事的！"

1959年，王淦昌、彭桓武、郭永怀等科学家尚未调到九所，理论设计的主攻方向基本靠邓稼先一人担当。他比前一段时间更沉默了，晚上回到家，有时候走神，默默无言。他躺在床上，看似闭眼睡觉了，但并没有睡着，脑子里还在专注地想工作上的事情……

许鹿希后来回忆说："在那段时间，他非常沉默，即便有时候在家里说起有趣的事,他开怀大笑的时候,也会突然中断笑声,我感觉他整个人被分成了两半,工作的那一半永远在运转,即使放松下来,也是短暂的一瞬间。邓稼先在思考问题时爱听贝多芬的《田园交响曲》,有一天我突然发现,他换了一首曲子——《命运交响曲》。这个时候,我正站在他身后,那一刹那我明白他心里承受着多大的压力……"

2. 叩开原子弹理论设计的大门

原子弹研制工作初期被大致确定为六个大的环节,分别为理论设计、爆轰物理、中子物理、放射化学、引爆控制系统、结构设计。如果把原子弹研制流程当作一条龙的话,那么,理论设计就是龙头,邓稼先和他的理论部责任重大。苏联专家撤走后,九所首先要做的事情,也是最重要的事情,就是继续进行原子弹理论及基本结构模型方面的研究。

当时负责理论设计的彭桓武还没有调来,就靠邓稼先带领理论部的十几个年轻人,从头摸索,进行艰苦的理论攻关。最终,邓稼先选定了中子物理、流体力学和爆轰物理三个方面作为主攻方向。理论部也按照这三个方向编为三个组。

第三章 "我们自己干！"

从1958年开始，理论部陆续调来近百名大学生，尽管他们来自名牌大学，成绩优秀，但是其中很多人并不是学物理出身。我国大学最早设置核物理专业是在1956年，所以1958年至1959年调来的大学生中有学物理的，也有学数学、冶金、建筑和外语的，唯独没有学核物理的，因此邓稼先还要承担给他们补课的任务。

起初，邓稼先给他们讲课的内容就是他在美国读博士期间学到的知识。后来，他指定了几本论著让大家研习，包括普朗特的《超音速流与冲击波》、戴维斯的《中子输运原理》、泽尔多维奇的《爆震原理》以及格拉斯顿的《原子核反应堆理论纲要》等。当时条件极差，根本无法保证这些书能每人一本。普朗特的《超音速流与冲击波》原著是用英文写的，当时他们手中只有一本钱三强带回来的俄文版，找遍北京所有图书馆也没有找到第二本。于是，他们就自己动手刻蜡纸，自己油印。读书的方法是大家读、大家讲，每一个章节都有人作重点发言。通过这种探索的方式读书，大家都觉得收获极大。

中子输运组的研究人员找不到现成可用的材料，只得从各方面想办法。当时北京图书馆里有一些和平利用原子能反应堆的普通外文资料。和平利用原子能就是普通的核电站一类的反应堆，这种外文资料对研制原子弹没有直接用处。中子输运组聪明的年轻人脑瓜一转，决定从中寻找那些出事故的资料。出事故就是中子的数量超临界，雪崩似的或是水泄似的大量涌出来，于是连锁反应便失去控制，产生爆炸。这种爆炸是低效能的，与原子弹爆炸的威力不可比拟。但是，不可比拟的只是威力，而不是原理，在不可比拟中包含着可比拟的东西，从中可以推导出中子输运的规律。这些奇妙的办法，都是在重压之下想出来的。

除了参加各个组的讨论并给予指导外，邓稼先还直接领导爆轰物理组。他们常常工作到深夜，有时年轻人拉计算尺连眼睛都睁不开了，但只要手里的活没告一个小段落，就坚持干下去。

邓稼先自己还要搞粗估，粗估是在当时的条件下搞科研的一种重要方法，要有较高的学术水平，对物理概念熟稔于心，并不拘泥于具体精确的数字，而是把各种条件综合起来，从理论上估计出一个数量的幅度，而一切工作的进程必在其间。邓稼先对自己用粗估的办法来验证问题颇有信心，甚至十分得意。有一次，许鹿希问他："这种难题你没有去上过计算机，怎么能否定别人的计算结果呢？"他用手中铅笔的橡皮头轻轻敲着妻子的鼻子，笑着说："你懂什么？我在这张纸上粗估了一个范围，他们用机器算的不能超出这个框框。"那段时间，邓稼先常常晚上躺在床上，盯着天花板，在脑海中推导公式，有的时候真是"柳暗花明又一村"，白天没有推出来的难点，一个晚上竟然推导出来了。

此后，他们的工作进入了一个齐头并进的繁忙期，一方面是推公式、搞粗估、求近似值，然后再深入一步；另一方面是搞精确的计算。推公式是困难的，需要较高的理论水平、深刻的洞察力和做学问的灵气。精确计算是枯燥而又要求极为严格的，同样需要在各个方面具有很高的水平。

为了加快原子弹的研制进度，在上级的协调下，九所从全国抽调了一些物理学、力学和数学方面的专家，其中包括著名物理学家王淦昌、彭桓武、郭永怀等。

原子弹和其他武器研制的最大区别也许在于，它没有可以借鉴的实物和类似的武器，一切都得靠这些从未见过原子弹的年轻人凭空想象。极其复杂的方程式、令人头疼的数学概念、闻所未闻的结构方式、数以万计的数据，一切都得靠计算，可想而知，工作量是多么庞大。而大量的计算也需要工具。

二机部通过协调有关部门想尽了各种办法，只能为邓稼先找来四台半自动的苏式乌拉尔电动计算器。这是当时最先进的工具，每秒运算 100 次，算一个除法要分好几步，若要开方，还要查巴罗表。因为电动计算工具远远不够用，大量的计算还要靠手摇计算器和计算尺，甚至用算盘来运算。时间不够用，只能不舍昼夜，理论部的灯光常常到凌晨还亮着。陈旧的计算器噼噼啪啪地响着，状态方程、流体力学、中子输送、特征线法数值计算……一串串数字在人们眼前晃动，他们计算的是常人难以想象的大量数字，算完的纸带子和计算机的穿孔带子一捆捆地放在麻袋里，一直堆到天花板，堆满一屋子。

1960年春，他们在工作中遇到了一个难题。那份苏联专家的讲课提纲在朱光亚的主持下被整理出来，20多天后，邓稼先他们取得了第一次计算结果，但因为缺乏经验，结果明显存在问题，第一次计算失败了。大家分析后，又提出了三种解决方法。邓稼先带领理论部十几个平均年龄只有23岁的年轻人三班倒，日夜连轴转，历时三个多月，又进行了三次计算。这三次计算得出的结果十分接近，但原子弹总体力学的一个很重要的关键参数，即原子弹爆炸时内部所要达到的大气压的数值，始终与苏联专家讲课时所说的不一致。邓稼先带领年轻人用特性线法得出了与苏联专家完全不同的结论，两者相差近一倍。这个数值究竟对不对呢？邓稼先开始认为可能是自己的算法有问题，但经过一遍遍地计算和检验，也没发现究竟哪里有问题。在彭桓武的指导下，大家集思广益，经过反复验证和讨论，又提出了三个重要的物理因素，建立了三个数学模型，形成了第五、第六、第七次运算，结果出来了，和前三次的一样。

到底是计算走入了歧途，还是苏联专家给出的数据有问题？大家一时无法确定。彭桓武、邓稼先等人进一步怀疑原数据的准确性。清晰的物理图像、多次重复得出的数据，都说明他们的计算毋庸置疑，但是他们缺乏理论上的论证，没有足够的论据来否定苏联专家的数据。大家把机器停下来，开会进行讨论。这时，搞方程的人提供了重要的依据，邓稼先又带领年轻人进行第八、第九次计算，结果还是和前几次一样。

运算工作一时陷入了僵局。这个数据如果不能确定下来，如果是个误差很大的数据，那么，照此设计的原子弹，很可能就是个大号的"哑弹"，而且可能潜藏巨大的危险。

彭桓武翻看着一摞摞的手稿，觉得年轻人的计算没有问题，可是这些计算需要有一个科学的论证，才能使人信服。这个论证在哪里？

恰在这时，32岁的周光召从苏联回国。原来，自苏联专家撤走之后，在苏联留学的中国学生知道祖国正是用人之际，纷纷要求回国。当时在苏联杜布纳联合核子研究所工作的周光召、吕敏、何祚庥等人，也要求回国参加原子弹理论研究。时任高教部部长的杨秀峰在迎接留苏学生归来的欢迎仪式上，十分动情地说："苏联专家走了，我们的才子回来了。你们是'永久'牌的，一定要为我们的国家争气！"

这批留苏学生对推进我国原子弹的理论研究做出了巨大贡献，加快了研究进度。时年32岁的周光召被任命为九所理论部第一副主任。邓稼先、周光召和另外6位副主任于敏、黄祖洽、秦元勋、周毓麟、何桂莲、江泽培被人们称为理论部的"八大金刚"，个个都是本专业领域一流的科学家。

那时，周光召患有哮喘，整天咳嗽，加上没有特效药，伙食营养又跟不上，人一下子消瘦了许多，但就是在这种情况下，他一直坚守在工作岗位上，绞尽脑汁，终于找到一个有效办法，可以证明苏联专家的数据是错误的。这就是"最大功原理"。

在一次研讨会上，周光召抛出了自己的想法："苏联的数据和我们的计算建立在相同的条件下，即炸药的数量是一样的，可是，苏联专家给出的数据却大了一倍，这太离谱了。根据最大功原理，我做了一个大致的粗估计算，即使这些炸药的能量全部释放出来，也不可能达到苏联专家说的那个程度。"

长久以来一直困惑大家的疑难问题终于解决，他们一致认为用最大功原理能够证明苏联专家数据的错误。彭桓武肯定地说这个路子是对的，但仍然属于粗估范畴，还需要数学家进行补充计算。

这时，数学家周毓麟站了出来。他编出总体程序，又带领几个人来到中国科学院计算技术研究所，利用刚研制出来不久、计算能力每秒1000次的电子计算机，进行了模拟计算，所得结果与邓稼先他们计算的结果很接近，误差在5%左右。一次偶然的机会，在某个时刻的打印纸带上，他们发现了苏联专家给的那个数据。经过仔细分析，大家判定那个数据只是冲击波振动过程中出现的某个波峰值，其实是应该被忽略掉的数据。

这就是邓稼先和他的同事在研制第一颗原子弹过程中有名的"九次运算"。九次运算历时近一年，仅数据纸就有无数大麻袋，但运算的数据一经确定，就给之后的研究工作提供了可信的理论依据。

为了这个数据，彭桓武、邓稼先以及他们手下的年轻人，都"脱了几层皮"。周光召、周毓麟有力地证明了那个数据是错误的之后，人们的第一个反应是惊喜，第二个反应是诅咒它。但冷静下来后，无论是钱三强、彭桓武，还是邓稼先等人，都认为应该感谢它，因为它使中国的研究者仔细地做了各种分析，搞清每种反应过程的物理图像，使他们的工作更扎实，并在此基础上提出一些假设，为以后的工作开阔思路。表面上看，"九次运算"是中国科学家们在研制过程中走的"弯路"，但事后证明正是它让中国第一颗原子弹的理论设计更加稳健。

不久，王淦昌、郭永怀等人带领的爆轰试验组，通过实际试验，再次证明邓稼先他们的计算是正确的。至此，原子弹的理论攻关从演算台移到试验场，迈出了具有决定意义的一步。

那段不计昼夜连轴转的日子，在参与计算的每一个人心中留下刻骨铭心的回忆。所有人都像上足了发条的时钟一样，时刻不停地运转、演算。可是，计算太枯燥了，几个月下来，年轻人感觉自己老了10岁。

一天晚上，离他们不远的一个单位露天放映电影，大喇叭预告即将放映《阿诗玛》。天黑之后，阵阵音乐声透过窗户传到理论部的办公室来。年轻人的心被撩动起来，纷纷央求邓稼先放一晚上假，让大伙酣畅淋漓地看场电影，当时他们已经几个月没有任何娱乐活动。但是，计算不能停下来。邓稼先犹豫了一会儿，和苦求的年轻人商量，两个人一拨，分五拨去看，每拨看20分钟，演完后，大家按顺序把各自看的那截故事向其他同事叙述一遍。于是，他们就用这个办法解了一次馋。

邓稼先太辛苦了，他不仅要带领大伙做运算，有时还要讲课，在黑板上演算"轰炸方程式"。一天下午，他正站在黑板前讲课，讲着讲着，粉笔从他手里掉到地上，他却一点也没察觉。原来，他是靠着黑板睡着了。过了一会儿，他猛地睁开眼睛，不好意思地问坐在下面听讲的年轻人："我睡了多久？"大家笑着回答："才一分钟，不过是站着打了个盹儿。"

邓稼先的家在北医三院，是妻子许鹿希单位的宿舍。他早先坐公共汽车上下班，后来因为每次加班后公共汽车已停运，不得已只能骑自行车上下班。一般来说，晚上加完班，骑自行车回家时，都已是十一二点。当时那一带还很荒凉，土路两边是大片的高粱地。为了确保邓稼先的安全，领导特意安排两个大学生送他回家。宿舍区看门的大爷晚上10点就关门休息了，好在当时还没有院墙，只是用

第三章 "我们自己干!"

铁丝网围起来,送他的人就把铁丝网拽出很宽的一个口,帮助邓稼先钻过去,再把他的自行车举起来递过去。

有一天,邓稼先很晚到家,发现两个孩子坐在家门口的地上睡着了,这时他才想起来许鹿希晚上值班,说好了让他提前回家照顾孩子,结果他竟忙忘了。两个孩子放学回家后等不来爸爸,天渐渐黑下来,他们又困又饿,就坐在楼道里倚着墙睡着了。邓稼先看着两个孩子瘦小的身影,眼前逐渐模糊,他怀着深深的自责抱起了孩子……

因为太忙,邓稼先甚至连头发都顾不上理,头发又长又乱,跟在他身边的年轻人很难想象,这位受到过良好的家庭教育,有美国生活经历的邓老师曾像绅士一样受到追捧,而如今他根本顾不上自己的形象了。有一次他遇到王淦昌,王淦昌上下打量着他,严肃地说:"小邓,怎么能这个样子来上班呢?"他这才发现自己上衣的纽扣系错了位置。王淦昌提醒他,天热了,抽空去理个发,整理好个人的仪表。邓稼先下了很大决心,才抽出一点时间,找到一个刚学会理发的战士,用最短的时间帮他胡乱理了个发。

就是靠这种吃苦耐劳、无私忘我的拼搏干劲,他们闯过一道又一道难关,一步步接近黎明。

经过理论部3年的不懈努力和艰苦工作,我国第一颗原子弹的轮廓已经被大致勾勒出来,在中子物理、爆轰物理、流体力学和状态方程等方面的研究也比较深入。在向有关领导和各方面的专家报告关于原子弹的理论设计框架和构想时,邓稼先说这个设计最特别的地方就是使用铀235做核材料,并使用内爆方式,这意味着中国摸索出一条与其他核国家完全不同的研制原子弹的途径。

一位物理学家评价邓稼先的报告说:"它具有极高的学术价值,可以说它已经描绘出了原子弹的雏形,在事实上宣布我国核武器进入了决战阶段。"这个实质性的跨越是邓稼先和他的理论部的同志们放弃小我、一心扑在科研工作中奋斗3年的结果。

3. 勒紧腰带攻难关

1959年至1961年,我国出现了严重的粮食和副食品短缺危机。九所不可避免地受到影响,科研人员的粮食定量由原来的每人每月35斤降到28斤。理论部的年轻人多,饭量大,由于吃不饱,又经常加班,脑力消耗巨大,他们经常饿得头晕眼花。实在没办法,有人想出一个主意,把酱油兑水喝,因为酱油是黄豆酿的,含有一定营养。但这只能解决一时的问题,因为酱油也是凭粮票供应,不能随便买。

有一天加班到深夜,年轻人又喊饿,可三更半夜,商店早已关了门,邓稼先想来想去,最后让大伙等着,自己骑自行车赶回北医三院的家。这时,许鹿希和两个孩子已经睡了,他轻轻打开门,蹑手蹑脚地摸到厨房,掩上门后拉开电灯,打开橱柜找吃的。卧房内的许鹿希被响声惊醒,忙翻身下床,循着声音来到厨房查看。当她看到丈夫猫着腰翻腾东西时,说:"吓我一跳,半夜三更,你翻什么呢?"

邓稼先急急地问:"家里还有吃的吗?"

许鹿希走进来,看着满头大汗的邓稼先,说:"你回屋里歇会儿,我给你下碗面。"

邓稼先站起身,不好意思地苦笑着说:"不是我饿,是单位里那帮小伙子。家里还有什么现成的吃的给我找点,他们还等着呢。"

许鹿希为难地说:"现在哪有现成的啊!噢,有了,你等等。"

这时,快6岁的女儿典典睡眼蒙眬地出现在门口,边揉眼睛边叫了声"爸爸"。邓稼先笑着对女儿说:"典典,让爸爸抱抱,看这段时间长了没有!"

邓稼先弯下腰,一抱没抱动,再抱还是有些吃力,只好把女儿放下。这时许鹿希拿着一些黄瓜、西红柿和几个馒头走过来,见他居然抱不动30多斤重的女儿,心疼地说:"我看你是饿得没力气了。"

邓稼先打趣说:"典典长成大姑娘了,爸爸抱不动了。"

懂事的典典听到妈妈的话后跑进卧室,抱出一盒还没打开的饼干,递到邓稼先手里,说是姥爷给她买的生日礼物。邓稼先蹲在女儿面前,把饼干盒还给女儿,说:"这是姥爷送给典典的礼物,爸爸怎么能拿走呢?再说,这些东西都是拿给叔叔们吃的,他们吃完,你和弟弟就吃不成了。"

没想到女儿像小大人一样诚恳地看着邓稼先说:"不要紧,先给叔叔们吃吧!"

邓稼先犹豫地看了看妻子。许鹿希点点头说:"既然孩子同意,你就拿去吧!"邓稼先心里泛起一股暖流,他在女儿的脸上亲了两下,便立刻拿着东西骑车回到单位。理论部的年轻人见邓老师带了许多"食物",纷纷感谢他的慷慨,随即便狼吞虎咽地吃起来,邓稼先在一旁欣慰又心疼地看着他们。

由于长期缺乏营养,理论部不少人出现了浮肿。邓稼先看到这种情况,心里十分着急,他将父母和岳父母支援他的一点粮票拿出来,给大家买些高价饼干充饥,后来高价饼干也很难买到了,他只好将这些粮票作为奖励分给大家。

有一次,研究人员夜间要在计算机房进行模型计算。邓稼先凌晨3点来机房检查计算结果,待到大家忙完时天已经大亮。忙了一夜,同事们个个饥肠辘辘,疲惫不堪。邓稼先问一个叫孙清河的同事:"你们夜里吃饭了吗?"孙清河回答:"一日三餐都吃不饱,夜里哪有粮票加餐啊!"

邓稼先马上从口袋里拿出几张粮票，分给在场的人每人4两。半个世纪后，孙清河回忆起这件事时仍然激动不已，他说："那时候，每人每月的粮食定量是28斤，粮票比什么都珍贵。现在你给我4两黄金，也没有我当年接过老邓的4两粮票激动。"正是这种相互扶持、同甘共苦的精神使理论部的研究人员团结在一起，为了一个伟大的目标兢兢业业，埋头苦干。

聂荣臻元帅时任国务院副总理，主管科技工作。他非常关心原子弹研究的进展情况。一天，他来到九所，看到一个年轻的科技人员因为营养不良，脚腕肿得"发亮"。他问所里随行的领导，有多少人出现了浮肿，回答说有不少。聂荣臻回去后，立即向周总理报告了这一情况，又连夜给各大军区司令员打电话，请他们支援粮食和副食品。原二机部部长宋任穷此时任东北局书记，他得知这一情况后，想方设法调拨了2.5万公斤大豆运往九所。周总理也做出指示，为这些科研人员实行粮食特供。

1962年12月4日，张爱萍、钱三强、王淦昌和邓稼先一同前往中南海西花厅，向周总理汇报工作。周总理一见到邓稼先便关切地询问九所的研究人员都领到特供没有，还有没有浮肿的科研人员。

邓稼先回答说："总理请放心，特供领到了，大家这次还交给我一个任务，让我务必代表他们感谢总理的关怀，现在我们比以前吃得饱，浮肿的人也没有了。"邓稼先一口气将心里想说的话全说了出来。

听了邓稼先的话，周总理高兴地说："这很好嘛，就是全国勒紧裤带，也不能让我们的科学家饿肚子呀！你们可是我们的国宝呀！"

周总理又说："你们的工作是原子弹的龙头啊！你写的那份两年规划我看了，前后看了好几遍，很振奋人心，很希望你们尽快把那个"大工程"做出来，那样，我们到哪里都可以扬眉吐气了。"

这是邓稼先第一次近距离接触周总理，他心里比较紧张，汇报时手忍不住发抖，说话声音也不自然。周总理为了缓解气氛，开玩笑说："稼先同志，你这么紧张，我们年纪都这么大了，万一心脏病发了可不得了。"一听总理这话，大家都哈哈大笑起来，邓稼先紧张的心情也稍稍缓和下来，详细汇报了整个理论设计方案和中间可能会出现的问题。周总理听得非常认真。汇报过程中，因为总理办公室的桌子不够大，他们就把设计图纸铺在地上，给周总理讲解。

听完邓稼先的汇报，周总理习惯性地交叉双臂，说："我这次把大家请来，是要讨论一个技术方案。我们现在一方面受到核大国的威胁，另一方面还要克服经济困难。内外局势对我们来说非常严峻，能不能早日造出原子弹是当前一个至关重要的问题。上次，我和荣臻同志委托张爱萍、刘杰两位同志，在你们所属单位进行了几个月的调查研究工作，终于完成了这个技术方案。这个技术方案到底怎么样，能不能通过考验？今天就是请大家来审议这个方案，也顺便问问现在工作的进展情况。"

周总理说完，看着窗外。过了一会儿，他转过头来问道："三强同志，该你说说了。你看现在影响我们'三级跳'计划实施的关键是什么？"

"总理，目前影响我们'三级跳'的主要问题有两个，一个是号称'龙头'部位的理论设计中，有些'神秘的参数'我们还把握不准，虽然原子弹的理论设计和方法已由邓稼先他们掌握，但还有一些相关的数据不够精准；另一个是同位素分离尚未启动运行，计划于1964年4月我们才能拿到合格的高浓缩铀产品。只要解决了这两个问题，距离我们的原子弹问世的时间就不长了。"

听了钱三强的话，周总理转向邓稼先，用炯炯有神的目光看着他说："你们那个设想是对的，不抓'龙头'，原子弹搞不出来。那个'龙头'的设计轮廓我看了，里面提到的爆炸力学、中子输运、核反应等这些相关的参数怎样解决呀？你们是如何设想的？"

周总理的话让邓稼先颇感诧异，没想到总理对原子弹的理论设计了解得这么细致。邓稼先非常坚定地回答："总理，依我看，解决这些相关参数的办法有两个，一是进行一次非同位素的原子弹冷试验，二是继续进行相关的运算，尽力掌握最准确的数据。"

看到邓稼先沉着应答的神态，周总理满心欢喜，笑吟吟地点点头，说："好，这个设想很好！"然后又转向其他人，问道："你们觉得怎样？"大家都表示赞同邓稼先的意见。

从核武器开发的总体规划到核武器研制的进展，周总理又进行了详细询问。汇报一直持续到凌晨三四点才结束。周总理留大家吃迟到的"晚餐"：每人一碗白菜豆腐肉丸汤、两个煮鸡蛋、四个半两一个的小包子。邓稼先拿起包子，一口一个，几口就把包子吃光了。周总理见状，就把自己那盘包子推到邓稼先面前让他吃。邓稼先连忙把盘子推回去，说："总理，您吃……"周总理端起茶缸，说："我不饿，我喝这个。"后来，周总理的警卫员悄悄告诉大家，周总理喝的是兑过水的稀玉米粥。大家无不感到十分震惊。饭后，总理秘书抱歉地对大家说，总理和邓颖超大姐的粮食也是定量的，并不宽裕，所以请大家每人交1两粮票。邓稼先当时没带粮票，只好欠着，后来一直没有机会还上。1976年1月8日，邓稼先听到周总理去世的消息，忍不住放声痛哭，之后他拿出1两粮票，用火柴点着……

与总理做了深入交谈后，邓稼先与理论部研究人员着重就总理提出的建议做了论证。1963年年初，在理论部全体人员的共同努力下，他们终于完成了包括结构、尺寸和材料等在内的原子弹理论设计模型，"龙头"的工作终于圆满结束，原子弹研制事业也顺利进入了下一阶段。

4. 挺进大西北

1963年秋天的一个傍晚,邓稼先扛着一个纸箱,回到北医三院的家,推门进去,妻子许鹿希正在教女儿典典写字。见到爸爸,典典高兴地扑上来,连问纸箱里是什么东西。邓稼先打开纸箱,拿出一个做工有些粗糙的木马,问女儿:"喜欢吗?"

典典高兴地抱着木马不松手。邓稼先对女儿说:"这是爸爸单位的叔叔们专门给你做的。前年你过生日,爸爸和叔叔们把姥爷买给你的饼干吃了,还记得吗?"

典典一边打量新木马,一边说:"不记得了。"

邓稼先摸着女儿的头说:"你忘了,叔叔们可没忘,这个木马就是叔叔们赔给你的。爸爸要到很远的地方去了,往后就让这个木马陪你吧。"

许鹿希听到这里,心里不由一紧。典典回过头来,看着邓稼先问道:"很远的地方是哪?爸爸要去哪?"

邓稼先说:"爸爸现在也不清楚,反正很远很远。有部电影叫《昆仑山上一棵草》,爸爸就去那儿。等你长大了,看过这个电影,就知道很远的地方在哪里了。"

典典似懂非懂地点了点头。这时儿子平平跑到跟前来,邓稼先像过去那样和儿子打闹,他趴在地板上说:"今晚爸爸让你骑大马骑个够,大马就要跑起来了,快上来吧!"7岁的平平高兴地骑到爸爸背上。邓稼先学马嘶鸣,然后快速地在地上爬来爬去,平平开心地连呼"再来一次"。望着欢快的父子俩,许鹿希满怀心事地起身帮邓稼先收拾行装。她早猜到他们要到外地去,然而当这一天真的到来时,她还是感到措手不及。

这一去,不知道会是多少时日。临行前,邓稼先来到北京大学朗润园,向双亲辞别。他刚跨进院子,一阵浓郁的桂花香扑鼻而来。他深深地吸了几口清新的空气,顿觉神清气爽,这是他从幼年就熟悉的味道。

邓稼先来到父亲的书房,坐在父母身边,仔细端详着两位老人。时间过得真快,父母已是年逾古稀的老人,牙齿也掉了。想到自己从未好好报答过生养他的父母,他的心里就隐隐作痛。房间里陈旧而简单的摆设,好多是祖辈留下来的,有的家具比邓稼先的岁数都大。父母操劳了一辈子,也节俭了一辈子。但是,这个家却是简而不陋、朴而不俗,仍然保持着诗书家庭的清雅和大气。想到这里,他觉得在这个熙熙攘攘的世界上,很需要有这样一块净土、一方静室。父亲之所以一直保持这样的心境和环境,跟他的个性和修养是分不开的。邓稼先从中领悟到,大凡内心世界丰富的人,其生活总是简朴的。父亲的生活智慧与对美的感知,不是他所能望其项背的。

在朗润园流传着邓稼先孝顺父母的很多故事。他每次回家看望父母,都会带上典典和平平,两个孩子在老人面前嬉笑打闹,逗得两位老人开怀大笑。朗润园是平房,早先没有暖气设备,冬天室内又冷又潮。为了让母亲夜晚睡得安稳,邓稼先效仿古人黄香为双亲温席的事迹,先脱掉外衣钻进母亲的被窝,待被窝里暖和之后,再请母亲上床睡觉。

这次邓稼先来朗润园看望父母,却没有带妻子儿女。他强忍泪水,用低低的声音告诉父母他要出一趟远门。母亲问他去哪里,他摇摇头说不知道;母亲又问他要去多久,他仍摇摇头说不知道。父母不再多问,他们理解他,但是儿子毕竟是他们的心头肉,这一走不知道何时能再见面。

母亲关切地说:"你不能换个课题研究吗?瞧你,为那个氘啊氚的,弄得连家都回不来,把人也折腾呆了哑了。看你这个样子……"不待说完,母亲开始擦眼泪。

他强颜欢笑地对母亲说:"妈妈,我早就改换研究课题了,只是因为工作太忙,不能常来陪爸爸妈妈。"

短暂的相聚,父母的叮咛,让邓稼先心里很不是滋味,国家的事业与自己的小家,无论哪一方,都让他牵念,但以当时的形势看,他不能被儿女情长过多牵扯,只好委屈家人。

临行前,邓稼先像变了个人似的,从不喜欢照相的他带着妻子儿女到照相馆照了一张全家福,这就是他留给亲人的纪念。

从此，邓稼先真的隐没了。妻子、父母及所有的亲朋好友都不知道他去了哪里、做什么工作、何时归来。许鹿希的同事因为很久没有见到邓稼先，甚至私下议论他们夫妻关系是不是破裂了……

实际上，邓稼先去的地方是青海省海晏县一个叫金银滩的地方，221厂即核武器基地，就建在那里。乍听上去，"金银滩"似乎是个水草丰美、山清水秀的好地方，实际上这里既没有金，也没有银，而是一片贫瘠的荒原，海拔3200多米，年平均温度零下4摄氏度，高寒缺氧，自然条件恶劣。这里的冬天最难熬，时间长、风雪多、天气寒冷，在室内工作也要穿戴得很严实。夜晚，人们最怕钻进冰窖一般的被窝，晚上睡觉呼出的气能结成霜，早上起床发现头发和被子冻在一起。

当时金银滩还有一些基建工程没有完工，可形势逼人，不能等竣工后再过去。二机部同意九所的意见，早一点派驻研究人员，为下一步大型爆轰试验、核部件加工，以及原子弹总装做准备。

缺氧、寒冷、遥远的客观环境摆在九所研究人员面前，有些人嘴上不明说，但内心是不愿意去的。为打消部分科研人员的疑虑，鼓舞士气，大部队出发前，李觉跑到张爱萍的办公室，想请他给大伙做动员，张爱萍欣然同意了。

动员大会定在临行前的一个下午，九所的领导、科学家和技术人员几乎全部到会，李觉、吴际霖陪同张爱萍走进会场。人们原以为又是一个一般性的领导例行讲话，但只听了几句，就被深深吸引。

张爱萍站在台子上，操着浓重的四川口音，激情洋溢、满怀深情地讲道：

同志们，你们要上"前线"了。"前线"在青海。在李觉同志的领导下，经过大家艰苦卓绝的努力，在那里已经矗立起一座原子城。它在等待着你们，祖国人民期待你们前去建功立业，制服原子弹这个恶魔，为保卫共和国去奏响震天动地的春雷！

那儿是艰苦的，这用不着掩饰。古人有"春风不度玉门关""西出阳关无故人"之说，但自古至今，仍然有数不清的爱国将士奔赴西域，守疆卫土，不惜马革裹尸。为了祖国的安全，为了人民能过上幸福的生活和进行建设，今天，祖国把重任交给你们，相信你们决不会给祖国丢脸。人民勒紧腰带，省吃俭用，支持你们，相信你们不会给父老兄弟们丢脸！

你们就要出征了。我想，用酒来饯行太俗气，我想用一首诗给你们壮行色。这首诗是唐代诗人王昌龄写的，但我觉得他是为你们而写："青海长云暗雪山，孤城遥望玉门关。黄沙百战穿金甲，不破楼兰终不还！"……

坐在台下聆听张爱萍讲话的科研人员听完后个个热血沸腾，他们纷纷起立鼓掌，有的年轻人还情不自禁地重复了王昌龄的那句"不破楼兰终不还"，他们的情绪一下子高涨起来。这时，没有人再犹豫彷徨，大家仿佛在无形中达成了共识：要想做成惊天动地的大事业，上高原，有何难？

几十年后，有人回忆说："张爱萍将军果真不一般，听了他的动员，我的确是心甘情愿地跟着试验队伍，唱着歌，写着诗，来到大西北。"

深夜，一列火车开出北京，向西部驶去。火车隆隆地越过黄河，穿过中原大地、黄土高原，一直向西……

北京的科研人员刚到金银滩时，那里只盖成了四栋宿舍楼，远远满足不了人员需要。天冷了，宿舍楼里供有暖气，被称为"暖房"。人们都盯着这四栋三层高的暖房。住不进楼的人，只能暂时住帐篷，帐篷虽然是棉制的，但在零下几十摄氏度的严寒中，睡在里面的滋味可想而知。

为了保障专家团队都能住进暖房，九所所长李觉做出决定，只要还有专家住在帐篷里，所领导和行政人员就不能住暖房，必须优先解决专家的住宿问题。他的这个决定，让科研人员心里感到温暖，逐渐适应高原工作的辛苦和不适。

在如此恶劣的环境里搞科研，压在邓稼先肩上的担子之重可想而知。越是在艰苦的环境里，越需要高度的凝聚

第三章 "我们自己干!"

力,越需要昂扬乐观的精神。邓稼先为人随和,很容易和大家打成一片,以前别人到他那里开会,经常很自然地翻他的口袋找烟抽,或者翻他的抽屉找糖和点心吃。他以同志们跟他不见外为极大的精神安慰。这是他的追求,他努力做一个纯洁透明的人。有人说他性格里有中国农民的质朴。在基地,他利用空闲时间教青年们唱京剧《望江亭》《杨门女将》;还教大家学体操,有时天气不好,就在室内玩"跳马",他也跟大家一样,弯下腰当"木马",让年轻人从他背上跳过去。

有一次,他们正在玩"跳马",李觉从外面进来,看见大家兴高采烈的样子,笑着说他是"娃娃头儿"。这个"娃娃头儿"把欢乐注入本部门年轻人的心间,并带领他们把科研成果奉献给祖国。经过不懈的努力,他们在青海高原造出了一个名叫"贝塔·伽玛·阿尔法"的"美神"——原子弹试验模型。

这个"美神"很娇贵,哪怕是轻微的震动也会引起爆炸,使得模型付之一炬,因此怎样把它送到指定地点就成了一个难题。基地的科学家们开动脑筋,想了各种方案,最后筛选出一个颇具中华民族风俗特色的运输方式——抬花轿。

方法倒是有了,但软硬适中的"花轿"又该到哪里去找呢?这时,九所党委书记刁筠寿想到自己刚买的沙发,风趣地说:"就用它抬着'新娘'出嫁吧!"

115

有了"沙发轿",轿子还必须抬得四平八稳,不能颠簸磕碰,这对"轿夫"又是一个考验。"轿夫"行进的脚步必须协调一致,为此还得有人喊号子。金属物理学家陈能宽自告奋勇当了"领号人"。

就这样,在高原的晨曦中,众"轿夫"小心翼翼地抬着美丽的"新娘"缓缓上路了。朝晖在"轿夫"们的脸上、肩上镀上一层金色,使这带有喜庆色彩的举动增添了几分庄重。是啊,他们肩上托起的可不是一般的"新娘",而是一轮刚刚升起的"艳阳"。

"美神"被"轿夫"们百般呵护地送到目的地后,1963年11月20日,科学家们在青海高原进行了缩小比例的聚合爆炸试验,进一步验证了已经完成的理论设计方案和一系列试验结果。新中国距离拥有自己的原子弹"蘑菇云"更近了一步。

5. 原子弹爆炸试验准备

1964年4月11日下午,周恩来总理主持召开会议,决定在当年的9月10日前做好试验的一切准备,试验日期由中央政治局常委研究确定,他还一再要求这次试验"保响、保测、保回收、保样、保密"。于是,我国第一颗原子弹爆炸试验的准备工作全面展开了。

第三章 "我们自己干！"

1964年8月初，在青海金银滩核武器基地，原子弹开始总装。装配工作是一件十分危险的事情，在美国，科学家装配原子弹过程中就曾出现过意外爆炸事件。为了避免发生此类事故，中国的科学家们格外小心。

明亮的装配大厅里，宽大的装配台上，原子弹的各种零部件静静地躺在那里。安全线以外，张爱萍、李觉、朱光亚、吴际霖、郭永怀、邓稼先、周光召等人正襟危坐，密切观察着装配现场。

一切准备就绪后，吴际霖下达了"总装开始"的命令，工程师和工人们各安其位，全神贯注、有条不紊地对原子弹进行装配……现场气氛神秘而紧张。他们的每一个动作都极轻，就连在安全线以外观察的领导和科学家们，也是屏气凝神、目不转睛。

原子弹交付试验前，邓稼先在交付单上签上了自己的名字。那一刻，紧张和焦虑不断震颤着他的心：在原理方面一点漏洞都没有了吗？好几十万个数字的计算是否都准确？那么多的零部件是否都合乎指标要求？材料性能怎么样？……这一连串不知问过自己多少次的问题又在他脑海里浮现。之前，很多领导既兴奋又紧张，都忍不住问他有没有把握，他只能笑一笑说："请放心！"

两个月后，青海核武器基地的科研人员前往新疆马兰基地集结。

马兰基地位于新疆巴音郭楞蒙古自治州境内，在罗布泊的西侧。这里本是一片无人的荒原。20世纪50年代后期，为了建设核试验基地，试验场选址工作也在紧锣密鼓地进行。最初在苏联专家的辅助下，选定的核试验场是甘肃敦煌。200多名部队官兵和科技工作者深入戈壁沙漠，实地勘察地貌、地质、水文等情况，因这项工作在当时是绝密行动，除个别几位负责人知道工作任务外，绝大多数人员都被"蒙在鼓里"，但即便如此，他们睡地窖、住帐篷、吃干菜、喝苦水，身在苦中却也毫不惧苦地辗转数月。后来在综合考量下认为敦煌的选址不理想，勘察大队又转战新疆，最终选定在古楼兰的消失地——罗布泊腹地建设核试验场。

1959年4月，勘察大队在南疆公路沿线的库米什、乌什塔拉等地选择生活区，最后选定了乌什塔拉以南5公里处的一片盐碱滩。该地离试验中心区300多公里，地处天山脚下，靠近博斯腾淡水湖，紧邻南疆公路，气候适宜，交通便利。还有一条天然河从这里流过，两旁长满了马兰草。

5月，勘察大队在那里规划蓝图时，正值马兰花盛开，蓝天白云之下，蓝紫相错的花丛在黄沙漫漫的戈壁滩上显得格外亮眼。因此，核武器试验靶场主任，即后来的马兰基地第一任司令员张蕴钰将军，提议将基地生活区命名为"马兰"。此后，生活在这里的人们那种不畏艰苦、迎难而上的精神与马兰花顽强的生命力交相辉映、融为一体。

第三章 "我们自己干！"

而罗布泊的核试验场地理条件优良，既可以做空爆试验场，也适合做地爆试验场。这里地形开阔，远离城镇，交通方便，附近不仅有水源，地下水位低，也不在地震带上，可以说是世界上条件最好的核试验场区之一。

基地组建初期，恰逢三年困难时期，粮食物资短缺，广大官兵咬紧牙关，用双手、肩膀，用食不果腹的血肉之躯攻克了"创业"的艰辛。初到马兰时，百端待举。部队自己搭帐篷居住，遇上强风，帐篷常常被风掀沙掩，甚至被撕成碎片，住在里面的官兵十分危险。住帐篷不可靠，官兵就自己动手挖地窖；没有食堂，大家就找背风的山坡就餐；没有实验室，他们便就地取材，在烈日下做仪器高温试验，在寒冬深夜里做低温试验；缺少建材，他们就自己打窑、脱坯、烧砖；缺少粮食，他们就找野菜和榆树叶代食品充饥；缺少生活用水，他们一盆水先蒸馒头再洗脸，澄清后再洗衣服，然后才舍得倒掉。正是凭着这种不怕困难、不怕牺牲的精神，他们硬是在荒漠中建起了一座小城，修筑了公路、铁路和机场，以及其他试验和生活设施。

风雨之后才见彩虹。一位老同志回忆当年的情景，一往情深地说："正因为条件艰苦、创业艰辛，才感到格外光荣。那样的日子，苦得幸福，苦得自豪！"

罗布泊核试验场区的一顶大帐篷里有一个特制的大沙盘，它再现了核试验场区的主要设施。从沙盘上可以看到，以铁塔为中心，周围星罗棋布地摆放着各种效应物以及测试工号。

这些建筑、测量点从无到有，从不完备到布置齐全，与它们的建设者、许多默默无闻的奉献者有不可分割的联系。长期生活在戈壁滩上，他们的生活习性也发生了很大变化，但对于初来此地的人，却是不小的考验。

一天夜里，刚来到基地的张爱萍闹肚子，翻来覆去睡不着。他索性披衣起床，打开灯，将自己的亲身经历记录下来，他略一沉吟，便挥笔写了一首诗：

> 我们战斗在戈壁滩上，
> 不怕困难，
> 不畏强梁，
> 任凭天公多变幻，
> 哪管风暴沙石扬，
> 头顶烈日，
> 明月作营帐，
> 饥餐沙砾饭，
> 笑谈渴饮苦水浆……

这首诗以昂扬激越的笔触表现了参与核试验的人员不惧艰险、克服重重困难，夺取核试验成功的雄心壮志。

在爆心，102米的铁塔立起来了。1964年8月31日，试验场区进行了综合预演，从原子弹的运输、装配、控制、测试、测量，到侦察、取样、回收、洗消等各个环节，进行全面演练。

这天黎明，一颗"仿真"原子弹从地下装配车间徐徐上升到地面，装进巨大的吊篮里。指挥人员一吹哨子，操作手用力按下电钮，卷扬机启动。吊篮在卷扬机的带动下，徐徐升上塔顶。十几名技术人员在铁塔顶上严阵以待。"原子弹"在铁塔顶部的小屋里就位后，所有人员分批次撤离……

距爆心20公里的主控室里安装了很多设备，其中以控制爆炸系统最引人注目。控爆系统有三个开关——k1、k2、k3，按下第三个开关（k3）后就进入读秒，然后起爆……

远在北京的周总理也时刻牵挂着远在西域的这颗"镇国之宝"。不管有多忙，有多少重要的事情，他几乎天天都要和"前线"通一次专线电话，了解进展情况，并谆谆告诫大家：工作要扎扎实实，做到一步一个脚印，要通过预演锻炼人、考验人，争取在最后核武器试验的时候不出半点岔子。

此时，美国"科罗娜"号间谍卫星也在太空监视着我国核武器研究的动态，卫星拍摄到的照片被迅速传送给美国国防部和联邦调查局。"中国即将试验第一颗原子弹"，这份紧急情报让当时的美国总统林登·约翰逊深感不安。

那份情报中写道：千百顶军用帐篷像雨后的蘑菇，一簇簇、一片片地钻出地面；高楼、砖屋以及各种建筑物在大戈壁构成了一条长街；一列神秘的车队沿着戒备森严的公路，朝沙漠深处开去；测试原子弹爆炸效应的一排排坦克、榴弹炮、卡车排成长蛇阵，各种碉堡出现在沙丘上，还有作为爆炸效应物的狼狗、兔子和活蹦乱跳的猴子；在那条沙漠长街中央，耸立着一座至少几十米高的钢骨塔架，电焊的弧光在高空闪烁着一串串蓝色火花。

这些情报让美国当局意识到事态的严峻。其实，早在1961年2月，"科罗娜"号卫星就辨认出罗布泊试验场，但那时美国并不知道这就是中国未来的原子弹试验场。1964年8月初，"科罗娜"号卫星再次发现，在罗布泊矗立起一座高塔和其他设施。种种迹象表明，国际上关于中国研制原子弹的传闻并非空穴来风，而且根据卫星拍摄的影像分析，中国的原子弹研制已进入试验阶段。

1964年8月下旬，美国中央情报局在一份秘密情报分析中向白宫报告：根据新拍摄的太空照片，现在有充分的理由相信，中国西部的可疑设施是一个能够在两个月内投入使用的核试验基地。

9月15日，时任美国国务卿的迪安·腊斯克、国防部长罗伯特·麦克纳马拉等人研究了联合苏联阻止或打击中国核计划的方案。美国国防部共设想了四种打击中国核设施的方式：第一是由美国进行空中打击；第二是由台湾当局派战机空袭；第三是在中国大陆雇用特工进行破坏；第四是空投台湾军事当局的行动小组进行攻击。

第三章 "我们自己干！"

国防部将这些方式上报美国总统约翰逊，约翰逊随即决定，原则上，不论用什么手段，必须阻止中国成为一个核国家。中央情报局认为，以当时中国核武器的研制阶段来看，摧毁核工厂并且使之看起来像是试验过程中发生了原子事故，在技术上是可操作的。无须动用核武器，只需高能炸药就可以对中国核基地完成一次"外科手术式"的打击。

多年后，中央情报局的前工作人员索普斯回忆道："当时美国情报机构已经确切地知道中国两个主要原子工厂的地点，这种工厂通常来说是非常经不起袭击的，用一枚高爆炸弹就能完全解决。因此从技术层面上，要使中国在核方面'绝育'是一件很容易的事情，但政治战略问题则是一个困难问题。"

那段时间，关于中国原子弹的各种猜测在国际上甚嚣尘上。美国主要媒体公开宣称要对中国进行"核绝育手术"，彻底摧毁中国的一切核设施。获悉这一情况后，中国核研制的进程被无形推进了，选择核试验的时机，成了中央专门委员会特别关注的问题。

为了加紧压制中国试验原子弹，美国总统约翰逊"抛弃成见"，主动拨通了连接克里姆林宫的专线电话。这条电话专线是1962年古巴导弹危机之后，供美苏之间在出现核危机时对话专用。这次通话后，美国政府企图对中国施加压力，将我国第一颗原子弹扼杀在襁褓之中。很快，大批美国军队开到台湾，第七舰队也公然在中国沿海示威，妄图用武力威慑逼迫中国政府放弃核试验。一位美国记者毫不掩饰地宣称："这样做是为了随时能够向中国发射猛烈的核火力。"

赫鲁晓夫也紧随美国的部署，命令沿中苏、中蒙边界驻扎的百万苏军进入战备状态。苏联的战略火箭部队总司令部也给太平洋核导弹潜艇部队及陆基洲际导弹部队下达了战备命令。

华沙条约和北大西洋公约等组织的总部也密切关注中国即将进行的核试验。

各国的战略分析家都展开触角，试图捕捉相关有用的信息，思考判断即将到来的世界战略格局大变动。

这时的中国政府已感受到来自外界的重重阻力，当时针对原子弹的爆炸主要有两种声音：早炸和晚炸。周恩来总理将两种方案上报毛泽东，毛泽东听取汇报后，说："我们搞原子弹是为了吓人的，为了不受帝国主义和修正主义的欺负，既然为了吓人，现在炸正是时候嘛！"于是，确定了早日爆炸原子弹的基调。

为了应对国际形势，做好保密工作，根据周总理的要求，张爱萍又召开会议，对原子弹的运输、防止敌人破坏等问题进行部署，并规定了主要用语的密语：试验用的原子弹，密语为"老邱"；原子弹装配，密语为"穿衣"；原子弹在装配间，密语为"住下房"；原子弹在铁塔上的小房间,密语为"住上房";原子弹插接雷管,密语为"梳辫子";气象的密语为"血压";原子弹起爆的时间,密语为"零时"。有关领导也编为相应的代号。

此后,原子弹工作进入紧张的爆炸准备阶段。为了把原子弹安全完好地从青海金银滩运到罗布泊的试验场,从领导、专家到工程师、工人们真是费尽脑筋。为了保证运输途中毫无闪失,8月中旬,先进行了历时8天的模拟产品运输演练,先运走假的,后来运走的才是真的。真弹在金银滩事先预装过,这时又被拆开来分装进二十几个大箱子。

1964年9月29日14时24分,已拆装完毕的原子弹从青海金银滩装车启运,青海方面向北京报告"老邱已上轿"。

运载原子弹的专列在西北的铁路线上飞驰,经过戒备森严的隧道、桥梁、车站……根据周总理指示,这趟专列被定为一级专列,沿途警卫和到站后的警卫都按照国家元首级的警卫规格。九院副院长吴际霖负责专列的押送。

沉沉的夜幕中,火车呼啸奔驰……专列经过的青海、甘肃、新疆,都由省、自治区的公安厅厅长亲自押运;每到省、自治区的交界处,省、自治区的公安厅长亲自签字,办理交接手续。为防止静电,沿途机车检修工人的铁锤一律换成铜锤。列车用煤都仔细用筛子筛过,防止煤里有采煤时遗留的雷管。沿途所有客车都为它让路,经过的高压线要陆续断电,待专列通过后再恢复供电。

此外,为防止美、苏的空降破坏,兰州、玉门、西宁、包头等地的核工厂以及核试验基地周围,部署了37个雷达站加强警戒;部队更派出空军某歼击机师进驻试验基地待命,京广线以东地区的所有防空部队进入一级战备。

核试验的时间一天天临近,试验场的气氛也越来越紧张。所有人都焦急等待着爆炸那一刻,这个过程让所有人备受煎熬。

后来有人问张爱萍的秘书:"您一直跟着张将军,以您的了解,当时他紧张吗?"秘书说:"紧张,所有人都紧张。这时的核试验场,千军万马齐集于此,人们都在紧张准备。"张爱萍的儿子也在一篇回忆文章中写到他与父亲就此事的谈话,张爱萍向儿子倾诉自己当时悬心紧张的感受以及因"事关重大"而必须全力以赴的决心。

罗布泊已准备就绪,所有人的注意力都集中到北京的指示上面。根据周总理的指示,原先在北京的王淦昌、彭桓武、郭永怀、邓稼先也要赶到马兰基地,参加核试验。为此,张爱萍特意从马兰派了一架专机去接他们。

很不巧的是,出发之前,邓稼先的母亲生病了,住进北京医院。刘杰问他:"小邓,你能离开吗?"

邓稼先毫不犹豫地说:"能!"

第三章 "我们自己干!"

6. 罗布泊升起了蘑菇云

张爱萍将军是这次原子弹爆炸行动的直接领导,核试验指挥所设在孔雀河畔,相关工作人员沿着孔雀河临时搭起了一排帐篷。邓稼先是核试验委员会的成员,其宿营地也在孔雀河畔,而他的工作岗位则在距爆心不远的地方。

为了监测中国核试验的进展情况,当时世界上一些国家动用了地震监测仪、海浪监测仪、侦察卫星、探空气球等,以备随时接收来自中国西部非同寻常的震动波。

1964年10月14日凌晨,周总理下令所有核装置就位。

这一天19时19分,承载着亿万国人梦想的中国第一颗重达3吨的原子弹,被吊升到爆心的铁塔顶端。

铁塔高达102米,采用无缝钢管结构,有8467个零部件,工艺极其讲究。塔顶设置了一间金属结构的小屋,原子弹被放置在这里,片刻后,这颗"镇国之宝"便将向世界展示它的威力。

所有工作人员都进入了紧张的忙碌状态,3000台监测监控仪器与诸多效应物围绕着爆心各就各位。

马兰机场上14架担负取样和剂量侦察任务的飞机正待命起飞。这些飞机的飞行员都经过严格的穿云破雾训练,已经做好一切准备。雷达系统对数百平方公里禁区实行了周密而严格的警戒。兰州军区和新疆军区的空军部队，奉命进入了战备状态。

同一天，在北京中南海，周总理代表国务院和中央军委，向全体中央领导人做了原子弹试爆准备就绪的汇报。毛泽东、刘少奇、朱德、陈云、邓小平等领导人全部到场，个个神情专注，认真听取了汇报。

汇报完毕，毛泽东站起来，扫视了一下会场，就核武器问题发表了极为重要的讲话。他说这次爆炸后，中国即将有资格向全世界各国政府建议召开各国首脑会议，讨论全面禁止和彻底销毁核武器的问题。各国首脑会议应当达成协议，那就是有核武器的国家和很快可能拥有核武器的国家应承担义务，保证不首先使用核武器，不对无核国家和无核地区使用核武器，彼此也不使用核武器。后来这番话成为中国发展核武器事业的一贯立场和方针，得到全世界多数国家的赞同。

10月16日，核试验委员会召开了最后一次试验前的会议。会上决定，16日上午，由两名工程师登塔完成原子弹起爆装置的最后安装，而后撤离爆心危险区。为使安装工程人员无后顾之忧，特别指定基地司令员张蕴钰、九院院长李觉以及邓稼先等陪同安装人员完成这项工作，并最后撤离爆心危险区。

10月16日清晨，高擎着原子弹的铁塔周围10多公里范围内空无一人。按照中央的命令,各部队、各参试单位均已撤至安全地带。罗布泊又恢复了它的沉寂状态。6时30分,工程师赵维晋按照预定计划,带着雷管开始攀登铁塔。

赵维晋年轻力壮,脚步稳健地沿着迂回向上的铁梯登上塔顶。此时东方刚刚出现鱼肚白,戈壁荒原还未苏醒,深秋的晨风带来阵阵寒意。眼前这个3吨重的"铁西瓜"和手中沉甸甸的雷管,让赵维晋心中有些紧张。

"不要慌,慢慢来!所有工作都做好了,没什么好怕的!"塔下传来邓稼先坚定的声音。而听了这几句话的赵维晋像吃了一颗定心丸一样平静下来。

10时,赵维晋顺利完成了插接雷管的工作。他从塔上下来后长长地舒了一口气,揉了揉由于紧张而疲惫的眼睛。

邓稼先、张蕴钰和李觉一一和他握手,几个人分别在操作规程表上签了字。

"通电了?"李觉问道。

赵维晋回答:"通了。"

"撤?"李觉问张蕴钰。

"撤!"张蕴钰说。

接着,张蕴钰又回过头来对李觉说:"这张签了字的规程表要存入档案。"他最后抬头向小屋里的原子弹行注目礼,然后他们分头坐进两辆吉普车,连同在塔下站岗的战士,一块撤离爆心。至此,所有工作都已准备完毕。震惊世界的一刻马上就要来临了。

当吉普车开出几百米后，张蕴钰又让吉普车停下来，从车里伸出头去，再次看了看大漠中的那条长街。那条长街凝聚了太多人的心血和汗水，然而，几个小时后这一切都将不复存在。

11时，沉寂空旷的长街上已经空无一人，各种仪器待命启动。

紧张而激动的氛围同样在北京弥漫着。兴奋不已的聂荣臻来到周总理的办公室，与周总理守候在电话机旁，与远在罗布泊的张爱萍保持密切联系。他们已经辞别战场十几年，现在仿佛又回到了战场上，那种心提到嗓子眼却兴奋不已的心情像是当年守候在西柏坡农舍里的电台前，焦急等待平津战役的战况报告。

"我是张爱萍，我向你报告，最后的安装工作已经顺利完成。原子弹已经通电，请求指示！"

周总理握着电话听筒，一字一顿地说："中央批准爆炸时间定在今天15时，预祝你们成功！"

放下电话以后，周总理走出西花厅，走向人民大会堂。当天下午，他将在那里会见外宾和刚刚出访亚非拉诸国归来的东方歌舞团的演员以及有关国家的驻华使节。

罗布泊核试验场的各个岗位进入待命状态。在控制中心的坚固工事里，张震寰难以按捺内心的喜悦，把观察孔的厚钢板拉开了一条缝。这位国防科委的副秘书长，此刻最渴望亲眼看到原子弹成功爆炸。而作为主要负责人的李觉和邓稼先却各有所虑：李觉担心的是那个无法捕捉的参数；邓稼先担心的则是数千台监测仪器能否准确地记录原子弹的爆炸过程。

当天下午，在北京人民大会堂，周总理关切地询问了歌舞团成员，并以其特有的外交家的风采，与外宾、大使们谈笑风生，显得无比轻松和愉快。外交部部长陈毅站在周总理身旁，他比在场的所有人都了解周总理此时的心情。他知道周总理内心正无比牵挂着一件即将震动世界的大事——再过一会儿，中国的第一颗原子弹将在西北大漠爆炸。而在场的其他人都还概不知情。

周总理中途抬起手腕看了看表，又转过头来看了看陈毅。陈毅立马就明白了总理的意思，立刻示意秘书到电话间。秘书走进那个安装着直通核试验场电话的房间，守在电话机旁，静静等待着那激动人心的铃声响起。

时针指向 14 点 50 分，离核试验起爆时间只有 10 分钟了。

此时罗布泊的核试验场上，邓稼先刚走下吉普车。他站在距爆心 10 多公里的指挥部地下室门口，戴着一副防护眼镜，急切地眺望着应该准时出现的最后一辆吉普车的影子。那是拆除原子弹最后一级保险的工程师乘坐的吉普车。它归来的时间经过精密计算，因此是个非常重要的信号。整个核试验场的工作人员都在等待那辆吉普车归来。

时间一分一秒地过去，终于，一个小黑点慢慢出现在大漠的地平线上，邓稼先终于看清楚了，那是一辆卷着黄沙飞驰而来的军用吉普车。他看了看手表，距起爆时间仅剩30秒！他和几位将军立马回到地下指挥所，在指挥席上落座。

　　此刻，大漠上空的太阳发出耀眼的光芒，似乎也在天际驻足，要看看这个人造的"太阳"到底将如何争辉。突然，地下指挥所里的警报器拉响了，尖厉的声音掠过试验场区上空，回响在广阔的荒原上。这是人们期待已久的声音。紧跟着，高音喇叭里传来倒计时的声音："十、九、八、七、六、五、四、三、二、一，起爆！"人群不自主地与高音喇叭一起计时，他们的心紧揪着，急切地想看到接下来的一幕。

　　霎时，铁塔顶部放出耀眼的光束，随即一颗红色的硕大火球冉冉升起，气浪奔涌，变幻翻卷，直冲云天。几秒钟后，茫茫戈壁上空似乎升起无数颗太阳，千倍于太阳的强光照耀着大漠；接着，从大地深处传来一阵闷雷般的巨响，巨响伴随着巨大的能量，仿佛整个世界都在为之颤抖。

　　几秒钟之后，大漠托起了一团蘑菇云，那燃烧的云团翻腾、舒卷、扩散，直冲云霄。

　　铁塔消失了；坦克、装甲车、火炮被气浪卷走；列车被掀翻、熔化；坚固的建筑被毁；大漠的沙石变成五颜六色的玻璃体……这一切都是在短短的几秒钟之内发生。这

第三章 "我们自己干!"

是战争的演示,也是最好的和平宣言;它不仅是毁灭,更是新生。

蘑菇云腾空后,各种工号内的测试仪器高速旋转着,取样的高炮炮弹从四面八方接连射向蘑菇云,马兰机场的取样飞机腾空而起,纷纷向蘑菇云飞去,装甲车载着吱吱作响的探测仪冲向爆心,严阵以待的防化兵们冲进翻卷的烟尘中……

邓稼先和所有参加试验的人员听到那震动天地的巨响后,如奔涌的潮水,争先恐后地跑出地下指挥所。他们兴奋地欢呼,疯狂地跳跃,帽子、衣物都飞上了天空。那一刻,他们紧紧地相拥而泣,彼此祝贺!这一切都是他们共同努力的结晶:6年的心血,6年的奋斗,终于换来了那震撼世界的几秒钟!

邓稼先激动得热泪盈眶,他看到每个人的眼睛里都闪动着晶莹的泪花。当人们挥舞着衣服、帽子欢呼时,他的视野里一片模糊,心里反而平静下来,已经没有任何语言能形容他内心的滋味。这是经历了无数次曲折、失败,最后取得成功时的平静,是让他异常享受、十分珍惜的平静。对于一个核物理学家、一个核武器的研制者来说,还有什么比此刻呈现在高空的蘑菇云更令他感到欣慰呢!他想起了当初告别妻子时所说的话:"我要为这项工作奋斗下去,就是为它死了也值得。"

7. "妈妈,我们成功了!"

在北京,在大会堂进行接待的周总理已经看过手表好几次了,但还没有接到西北的电话。最后,他走出大厅,亲自守候在电话机旁,电话铃声一响,他迅速拿起话筒。

"我是周恩来。"

"我是张爱萍,报告总理,蘑菇云升空了!"张爱萍的声音很高,但有些颤抖。他的身边充满人们的欢呼声。

"好,我代表党中央、国务院、中央军委,向全体参加此次试验的科技人员和解放军指战员、工人同志们表示热烈的祝贺和衷心的感谢!"周总理如释重负,和陈毅相视一笑,心里的欢喜难以言喻。但为了保险起见,他仍嘱咐张爱萍确定原子弹是否真的爆炸成功。之后,邓稼先和其他专家根据收集的数据给出了肯定的答案。

接着,周总理又迅速拨通了毛主席的电话:"主席,好消息,我们的试验成功了!"

正在吸烟的毛主席听到这个好消息,同样一阵激动。他将手中的香烟灰磕进烟灰缸里,诙谐地对周总理说:"极好,现在我们应该奖给赫鲁晓夫一个1吨重的大奖章了!"

第三章 "我们自己干!"

具有喜剧意味的是,赫鲁晓夫已无缘得到这枚1吨重的大奖章,因为他在前一天被赶下了台!

傍晚,在人民大会堂里,排演大型音乐舞蹈史诗《东方红》的上千名演职人员站在半圆形的合影架子上,翘首期盼着中央领导人的接见。17时刚过,大厅的灯全亮了,毛泽东、刘少奇、朱德等中央领导,在周总理的引领下健步走进大厅,他们边走边频频向众人挥手致意。他们走到圆心,和大家一起鼓掌。周总理回头和毛主席耳语几句,原来这时我国还未正式公布原子弹爆炸成功的消息,周总理请毛主席向大家宣布。毛主席笑着说,你给大家说就可以了。于是,周总理站在话筒前,示意大家安静下后,说:"同志们,请大家都坐下。"

待大家在架子上坐定,周总理接着说:"因为我们的合影架子还要接待很多人,我怕你们一会儿因为高兴把它踩塌了。"

一阵笑声过后,大家安静下来。

周总理轻轻吐了口气,说:"我向大家报告两个好消息。一个是苏联的赫鲁晓夫垮台了!"

热烈的掌声紧随其后。

周总理深吸了一口气,平静了一下心绪后又用高亢的声音说:"第二个是今天下午3点,我们的第一颗原子弹爆炸成功啦!"

大厅里顿时响起了排山倒海的欢呼声,人们忘情地呼喊、鼓掌……这一天，新华社和中央人民广播电台向全国播报这一喜讯，各地燃放鞭炮，敲锣打鼓地庆祝。而美国、苏联、日本等国也先后得知这一消息，西方媒体对此做了专门报道。

当晚，在马兰试验基地，庆功会在大食堂里举行。邓稼先与理论部的同事们坐在一起，他是原子弹试验委员会的 58 名委员之一，也是灿烂星空中一颗耀眼的星星。当他走到一号桌向诸位老将军、老一辈科学家敬酒时，脸上带着孩子般的无邪纯真的微笑，眼里满是幸福的泪水。从北京北郊的高粱地到青海的金银滩，再到新疆罗布泊，他们一路走来，克服了数不清的困难，闯过一道又一道难关，终于皇天不负苦心人，他们迎来了这欢庆的时刻，用辉煌的成绩向祖国母亲汇报。

庆功会上，张爱萍将军抑制不住内心的激动和兴奋，端着酒碗站起来即兴赋诗道：

东风起舞，壮志千军鼓。
苦斗百年今复主，
矢志英雄伏虎。
霞光喷射云空，
腾起万丈长龙。
春雷震惊寰宇，
人间天上欢隆。

第三章 "我们自己干!"

在庆功会上沉浸于喜悦中的邓稼先不知道,就在原子弹爆炸成功的前两天,他的母亲病危,许鹿希头一次去找邓稼先单位的领导,希望邓稼先能从工作地赶回来见母亲最后一面。领导理解许鹿希的心情,但在这关键时刻,只能答复,无论什么事情也要过了这段时间再说。其实,许鹿希也不想打扰邓稼先工作,但看到躺在病床上已处于弥留之际的婆婆,她又不得不这样做。她的心一直悬着,担心丈夫能不能赶在最后时刻和母亲见上一面。

庆功会结束后,九院党委书记告诉邓稼先:母病危。得知消息的邓稼先心中泛起无限苦涩和歉疚,真想早点见到母亲啊!

第二天,邓稼先便心急火燎地乘坐汽车从马兰赶往乌鲁木齐,然后乘飞机回到北京。下了飞机,他直奔北京医院。站在病房门口,看到母亲的那一刻,他连声呼唤着"妈妈",扑到病床前。母亲吃力地睁开眼睛,嘴角微微颤动了一下,缓缓伸出一只手,把儿子的手牢牢抓住,唯恐他再次离去。邓稼先一阵心酸,泪水在眼眶中打转,他紧紧握住母亲的手。片刻之后,母亲把手抽出,颤颤巍巍地从枕头下摸出那张"号外"报纸,难抑激动地问道:"儿啊,现在能告诉我了吗?"

邓稼先跪在病榻前,握着母亲冰凉的手,哽咽着说:"是的,妈妈,我们成功了!"

然而，此时老人已经没有力气说话了，只是眼角淌着泪，饱含爱意地看着久无音信的儿子。

"妈妈——"邓稼先终究没有忍住，伏在母亲床边痛哭起来。他在心里说："妈妈您辛苦了，孩儿对不起您！"

母亲微笑着合上了双眼，临终时刻等到儿子，终于知道他为国家、民族所做的事业，她多年的心愿终于得到最大的满足。

邓稼先的岳父许德珩当时在中央政府中担任要职，因此比普通人早七个小时知道了我国原子弹爆炸成功的消息。那天晚上，中国科学院技术科学部主任严济慈来到他家，已经75岁的许德珩手里捏着那张《人民日报·号外》问严济慈，谁有那么大的能耐造出原子弹啊？严济慈哈哈大笑，说："你还问我，快去问问你女婿吧！"许德珩心里一下子就明白了，他知道这事应该保密，本不想再问，但激动的心情还是让他脱口而出："是稼先？"得到肯定的答案后，两位老人开怀大笑。是啊！全国人民谁不感到扬眉吐气！

当在核爆炸现场拍摄的纪录片空运到北京时，尽管周总理已经连续24小时没有休息了，但他仍组织有关人员观看了纪录片。尽管纪录片中没有解说，也未经剪辑整理，但当银幕上映出那朵蘑菇云时，周总理带头鼓起掌来。放映结束后，他风趣地说："毛主席讲，我们应该给赫鲁晓夫发一个1吨重的大奖章，感谢他促使我们搞出了自己的原子弹。可惜,这枚奖章赫鲁晓夫戴不上了,他下台了。"看到我国自己研制的原子弹那惊天动地的威力,在场的人都兴奋不已;而周总理的一席话更引出一片热烈的笑声和掌声。

时任中国科学院院长的郭沫若激情满怀,当场吟诵了一首幽默风趣的散曲:

> 小丑下台,应欢送,礼炮轰隆。
> 原子弹,说爆就爆,其乐无穷。
> 十年丑史化尘土,一阵惊雷卷飓风。
> 笑老苏,大势已去矣,敲丧钟。
> 忆往昔,来势凶,众喽啰,瞎起哄。
> 君不见,人民自古是英雄。
> 螳臂当车千钧力,庄生梦,一场空。
> 看东方,火炬赤旗舞,万里红。

其他观影人员也激动难耐,他们为自己能亲眼见证这历史时刻而庆幸不已。原子弹爆炸成功的消息,迅速传遍了整个华夏大地,全国人民激动和喜悦的心情难以言喻。北京长安街上,蜂拥的人群追逐着散发《人民日报·号外》的大卡车。全市人民奔走相告,一遍又一遍地听着广播。全国各地大街小巷,人山人海,沉浸在欢腾的海洋中。

罗布泊上空一声巨响,造成的影响甚至波及全世界。

第三世界国家及社会主义国家纷纷发来贺电,称赞中国原子弹的成功打破了美苏的核垄断,是对世界和平的重大贡献。它也让身处世界其他国家地域的所有中华儿女扬眉吐气、展露笑颜。世界开始重新认识社会主义新中国。美籍华人记者赵浩生写道:"在海外中国人的眼中,那蘑菇状烟云是怒放的中华民族的精神花朵,那以报纸、广播传出的新闻是用彩笔写在万里云天上的万金家书。"此后,无论国内外的中华儿女都挺直了脊梁,慢慢从百余年来的鸦片战争、火烧圆明园、八国联军入侵、九一八事变、卢沟桥事变、南京大屠杀等的阴影与自卑感中走出来。

第四章　快马加鞭不下鞍

　　第一颗原子弹爆炸成功后,邓稼先和他的同事们又马不停蹄地开始了氢弹的理论设计及核弹小型化、武器化的研制。他们为了给全中国人民提供一顶"核保护伞"夜以继日、废寝忘食地埋头苦干。

1. 突破氢弹设计原理

第一颗原子弹爆炸成功后，全国上下一片欢欣鼓舞之声。但中央领导并未过久地沉浸其中，很快，在一次中央专门委员会会议上，周恩来总理提到了氢弹。

原子弹和氢弹虽然都是核武器，但两者的区别却很大。氢弹技术比原子弹更为复杂，也更尖端，与原子弹的基本原理大不一样：原子弹是靠原子核一连串的裂变，释放出巨大的能量，即核裂变；而氢弹恰恰相反，它是把两个原子核聚合成一个原子核，在聚合的同时释放出巨大能量，因而通称为核聚变。通俗地讲，原子弹是用中子当火柴，去点燃裂变材料，引起爆炸；而氢弹则是用原子弹当火柴，去点燃聚变材料，引起爆炸。所以，对氢弹来说，原子弹只是一根引燃的火柴头……

如果说我国原子弹的理论设计曾得到苏联专家的一些

帮助，为我国的原子弹研究起了引路作用，那么，氢弹技术对研究人员来说则完全是一片空白。

周总理在会议上说："当初我们没有原子弹时，国际上有人笑话我们20年也造不出来。现在，他们又说我们有原子弹不算什么，离氢弹、洲际导弹还很遥远。"

接着，总理问参会的专家氢弹什么时候能攻关研制成功，当他听到至少要3到5年时，立即说道："3年到5年，太慢了，要快！希望研制氢弹的同志们尽快研究，加快氢弹研制的计划，把氢弹的理论研究放在首要位置，并注意处理好理论和技术、研制和试验的关系。"

1965年1月，毛泽东在听取国家计划委员会关于远景设想规划的汇报时，针对氢弹的研制计划指出："敌人有的，我们要有；敌人没有的，我们也要有。原子弹要有，氢弹也要快。"

于是，当原子弹爆炸后的烟云还在高空飘浮萦绕之际，中国研制氢弹的攻坚战又打响了。

其实，早在1960年，二机部部长刘杰和副部长兼原子能研究所所长钱三强就考虑到这个问题。12月的一天，刘杰约钱三强商议如何让氢弹研制工作先行一步。钱三强一直非常重视科学研究的理论准备，1950年他主持组建近代物理研究所时就设有一个理论物理组，请来彭桓武负责，又选调了朱洪元、黄祖洽、于敏、邓稼先、金星南、何祚庥等一批理论骨干，陆续开展了原子核物理理论和粒子物理理论研究，同时有计划地对反应堆、同位素分离、受控热核反应等应用性理论进行探索性研究，为日后实际应用做了坚实的理论准备。

刘杰委托钱三强直接组织人对轻核聚变有关理论问题做先行探索，钱三强将黄祖洽、于敏、何祚庥等一批"精兵强将"组成轻核理论组，主要从两方面开展研究并做出了成果：

一是对氢弹的各种物理过程进行探讨和研究，包括：各种有关核反应截面的调研、整理、分析、计算；中子在氢弹爆炸过程中所起的作用；铀层绝缘作用和装置中温度变化的临界点，给出了反应延续时间的数量级；辐射波和冲击波的相互作用，以及等温介质中有关冲击波和简单波的规律；从广义玻尔兹曼方程出发导出辐射流体力学中子方程组，为进行精密总体计算奠定了基础。

二是对氢弹作用原理和可能结构进行探索研究，包括：认识和发现点火点和燃烧点是两个临界点；为解决点火问题，必须使热核反应能源大过能耗；认识到提高氘化锂－6燃烧的关键所在；氢弹设计的关键在于使氘化锂－6压缩成尽可能高的密度；使热核反应直接进行的前提是要有足够高的反应速率等。

第一颗原子弹爆炸成功两个月后，即中央下令加快研制氢弹的1965年1月，轻核理论组的黄祖洽、于敏、何祚庥等31人奉命合并到核武器研究所，壮大了氢弹研究的力量。

当时，世界上只有美、苏、英三国试验了氢弹，但作为最高军事机密，三国对其原理和结构方程式均严格保密。邓稼先虽然是核物理研究方面的资深人员，但他和其他核物理学家一样，除了知道氢弹的标准应达到的 TNT 当量，对其他一无所知。

这一次，周总理的话又勾起了邓稼先心中的熊熊火焰：既然外国人能搞，为什么中国人就不能搞呢？既然别人能成功，我们也一定能成功！

面对氢弹那个空白的世界，邓稼先想起美国一位研制氢弹的专家曾经说过："搞氢弹就像是迷失在原始森林的孩子一样，既充满危险，又与外部世界隔绝，即使自己有一颗古代炼丹士的心，也难免陷入地狱和苦海里挣扎。"而这种困境便是邓稼先和其他研究人员即将要面对并想方设法要克服的。

邓稼先主持的理论部再次成为"龙头中的龙头"。为了解美国氢弹的信息，他们把1945年以来20年间的《纽约时报》翻了个遍，想从新闻记者笔下找到一点蛛丝马迹，但一无所获；还把美国当年审查"原子弹之父"奥本海默时，公开的证词资料翻来覆去读了多次，但只找到一条与氢弹有关的信息：他们搞的氢弹要用牛车拉。

彭桓武听了邓稼先的这个汇报，不解地问："用牛车拉是什么意思？"

邓稼先说:"我琢磨来琢磨去,可能是他们搞氢弹设计时计算的数据纸多得要用牛车拉。"

彭桓武听完,沉思了一会后说:"我早说过,搞氢弹就得闭门造车,不能指望旁人。从今以后,我们所有的精力都得放在闭门造车、冥思苦想上。天上不会无缘无故掉下来一颗氢弹让我们学,它只能从我们的脑子里钻出来。"

说到原子弹、氢弹对国家的重要性,赫鲁晓夫下台前的一次经历可以说是最适合的注解。赫鲁晓夫下台前曾访问美国,并作了一次演讲。演讲结束后,一位美国记者采访他:"赫鲁晓夫先生,你的演讲打动了在场每一位听众,我觉得你不是在演讲,而是以天鹅般高傲的心在歌唱,这实在是太精彩了。"

"是吗?我的演讲真像是天鹅在歌唱吗?"听到这样的恭维,赫鲁晓夫显得扬扬得意。

"赫鲁晓夫先生,请问,是你在演讲,还是你的核弹在演讲?是你在歌唱,还是你的氢弹、原子弹在歌唱?"另一名记者幽默地问道。

"正如你所说,我的核按钮在陪伴我演讲,我的氢弹、原子弹在为我伴奏。"

赫鲁晓夫的这个回答道破了一个现实:在当时的国际形势下,氢弹、原子弹是国力的象征。在弱肉强食的世界,氢弹、原子弹是霸权主义者进行核讹诈的资本,也是正义的人们护身的法宝。

第四章 快马加鞭不下鞍

邓稼先深深地意识到祖国眼下正需要这个法宝。但是，面对氢弹这个更神秘难解的方程式，面对这个世界级的难题，该从何入手呢？既然没有捷径可走，只能迎难而上，发挥团队的智慧和力量，众人拧成一股绳，攻破氢弹研制的难关。

邓稼先的理论部又像以前那样专心投入氢弹的研究工作。在繁难的研究中，邓稼先从不要官威，而是倡导学术民主，这种风气激发了每个人的智慧和才华，他们大胆发表自己的见解，只要经得起推敲，谁有道理，谁就是权威。

每周邓稼先都组织一次业务讨论会，讨论工作中遇到的问题及解决的方法。无论是副主任还是刚毕业的大学生都参加会议，大家可以在会上畅所欲言、各抒己见，谁都可以提出不同看法。

当时的理论部不乏个性强硬的人物，但不管争论如何激烈、言辞如何犀利，邓稼先从不生气。渐渐地，大家也都由衷地佩服这位学问大、脾气好的"老邓"。大家也习惯了讨论中针锋相对、你来我往，而会下依然心平气和、团结友好的工作氛围。由此也形成了九院人引以自豪的科研文化。

"在发扬学术民主方面，老邓功不可没。"邓稼先的学术秘书竺家亨后来回忆，"我们没有任何思想压力，心无旁骛地做事情，我至今仍怀念那样的氛围。"在这个攻坚克难的集体里，邓稼先始终紧紧团结每一个人，调动每个人的科研积极性，从而实现了人人平等、集思广益。当年理论部与领导们都认为"老邓是最适合做这个主任的人，他就是有这个本事，把大家团结起来，分工协作，完成国家交给我们的任务"。

那时，中国只有两台运算速度为每秒 5 万次的大型计算机，一台在北京中科院计算所，另一台在上海华东计算所。为了争取时间，更有效地利用仅有的宝贵资源，九院成立了两个氢弹原理攻关小组，两地各设一个，邓稼先在北京，副主任于敏则去了上海。邓稼先从此开始了在北京、上海两地之间的奔波。

由于毫无经验可循，一直到 1965 年 5 月，邓稼先等人在 4 个月中走了不少弯路，挫折和困难接踵而来。但是，再难也要咬紧牙关攻下来。

终于，于敏领导的上海小组找到了一个突破氢弹原理的可能途径。他们捕捉到成功的线索，发现了热核材料自持燃烧的关键，这是氢弹研究最重要的课题。因此可以说，这一发现使氢弹理论研究取得了决定性的突破。

拿到计算结果后，于敏眼含热泪，说："我们到底牵住了'牛鼻子'！"他手下的所有人也都心花怒放。

氢弹研究就像在茫茫黑夜中独行的舟船，终于见到一缕曙光。在氢弹原理突破的过程中，于敏解决了一系列基础问题，无论是氢弹原理还是形状构造，他都提出基本完整的设想，起到了关键作用。后来的实践证明，于敏提出的新方案大大缩短了中国氢弹的研制时间。

按照早先约定的"暗语"，于敏赶紧给在北京的邓稼先打电话。他强压住极度的兴奋，试图用平静的语调说："老邓，我带大伙出来打猎，告诉你，我们打到了一只大肥鸭！"

邓稼先愣了一下，他知道那只"打到的肥鸭"是好消息，便说："老于，你们美美地吃了一顿？"

于敏说："不，现在还不能把它煮熟，要留作标本。"

邓稼先问："为什么？"

于敏说："我们有新发现，它的身体结构特别，需要做进一步的解剖研究，可惜我们人手不够。"

电话这头的邓稼先当即说立马前往上海，然后带了几个人坐飞机赶到上海。到了上海，他们顾不上休息，就开始紧张工作。晚上他们就在机房的地板上和衣而卧，有时通宵达旦地"连轴转"。邓稼先组织大家分析难点，寻找解决问题的人口，终于拿出一个有充分论证根据的方案。就这样，被外国人称为研制氢弹的"邓－于理论方案"诞生了。

对中国突破氢弹理论研究的成绩，约翰·W·刘易斯、薛理泰编著的《中国原子弹的制造》一书中这样写道：设计小组在氢弹的主要工作上花费了 14 个月的时间。首先，九院和其他单位的研究计算和实验集中在氢弹引爆器的可能设计方案上，以此作为理解整个爆轰过程的第一步。科学家们在邓稼先的领导下夜以继日地工作着，到1965年年底提出了最有希望的方案的理论基础，当时中国已经发现了"有关热核材料燃烧的内在原因和外部要求"等一些关键问题。这一发现依赖成功进行的大量计算，要求使用中国最好的计算设备。1965年9月底的某一天，九院派理论部副主任于敏去上海进行这些计算。大约过了两个月的时间，他发来电报说，他已经"发现了"通往超级武器的"捷径"。这份令人充满信心的报告催促邓稼先去上海找于敏，在那儿，他肯定了于敏的发现。而后两人与部里领导一起讨论了他们的成果。

秋天的上海，雨后已带有一丝凉意。邓稼先和于敏等人走在河边的马路上，心情格外兴奋。人逢喜事精神爽，邓稼先这位身高一米八的汉子兴奋得像个孩子，他一会儿拍拍这个人的肩膀，一会儿捅捅那个人的胸脯，语无伦次，嘴里一个劲地念叨："太好了，太好了……"本来大家说要于敏请客，谁知于敏脑子一转，抢着说："谁的工资高谁请，这是老规矩。"邓稼先笑着从兜里掏出几张10元大票，甩了甩说："走！下馆子，我请客！咱们喝黄酒吃螃蟹，来个一醉方休！"

那天晚上，在一家国营餐馆里，十几个人彻底放开了，他们不像平日工作时那么斯文，吃喝起来豪放不羁，满碗的绍兴黄酒一口见底。那些不会剥螃蟹肉的北方人，索性连蟹壳一块嚼了。在饭店这样的场合不能谈工作,他们只好轮流敬酒,大声地喊:"干!"邓稼先和于敏喝得满脸通红,年轻人也喝得头重脚轻。

随后,邓稼先和于敏向二机部领导报告了这个方案,部领导支持他们立即做冷试验。不久后进行的几次冷试验都证明"邓-于方案"是正确的。于是,他们结束分头探索,集中力量按照"邓-于方案"进行攻关。之后,根据中央专门委员会的决定进行了两次热试验。第一次是在1965年5月9日,用轰-6中程轰炸机空投了一枚核弹,这是一枚20万~30万吨当量的铀235原子弹,含有热核材料锂-6,目的在于验证解决制造氢弹的热核材料铀-锂,试验取得了成功。第二次是在1966年12月28日,进行的试验检验了热核爆炸的基本原理,用的是一枚30万~50万吨当量的铀-锂核弹,又获得成功。这两次爆炸再次证明"邓-于方案"的正确性。据此推断,在1967年年底或1968年上半年,中国有可能研制出我国第一颗氢弹。

在中央专门委员会决定进行热试验后,整个九院和核工厂都紧张地动员起来:理论部将未来氢弹的各个技术参数一一推算出来,从总体上勾画出了它的结构和性能;设计部根据理论部提供的数据绘出一张张氢弹零部件的图纸,送交生产部加工制造;实验部则运用各种手段对氢弹的各个部件进行检验,如达不到要求,则重新修改图纸。

目标既定,有了原子弹研制的经验,整个基地就像一部机器,协调而高效地运转起来。

2. 再难也要按期完成

正当氢弹研制有了初步眉目时,"文化大革命"开始了。青海金银滩基地虽然偏僻,但是运动仍然搞得"轰轰烈烈"。二机部军工局副局长兼总工程师吴际霖因家庭出身问题,被两个造反派轮流批斗,他们给他"戴高帽"游街。回到办公室时,他时常脑袋上都是糨糊,但他顾不上擦洗,就顶着满头糨糊来开会工作。

在北京的邓稼先也不能幸免。有一天他下班回家,看到家门前一片狼藉,屋门上被砸了一块块煤泥,家里也被弄得乱七八糟,窗户破了,书房里满地都是书籍、手稿。他小心翼翼地捡起一张张沥尽心血的手稿。

突然身后有响动,他回头一看,是妻子许鹿希回来了。她看上去疲惫不堪,头发凌乱。邓稼先心疼地问道:"他们……批斗你了?"

许鹿希委屈地说:"他们硬要我承认是'黑帮分子'。"

邓稼先伸手揽住妻子,霎时间许鹿希眼里涌出两行泪,邓稼先替她擦去,并安慰道:"要挺住啊!挺过去,就没事了。"

据许鹿希后来回忆:"因为邓稼先从事特殊工作,他本人受到的冲击小一些,我那时是医学院的老师,天天挨批,运动几乎将我逼到了绝境。那时我身体很弱,可以说风一吹就倒。运动结束后,稼先常常骑自行车来单位接我,他经常加班,也很疲劳,没有力气骑着走,就用车推着我,一边摇摇晃晃地在前面走,一边宽慰我:'希希,会好的,会过去的,要挺住……'"

一天,邓稼先在办公室突然哭了起来。于敏、周光召推门进来看见他泪流满面的样子,不由得愣住了,他们紧张地问道:"老邓,怎么了?"

邓稼先哽咽着说,他刚刚接到消息,他的三姐夫遭人诬陷、受到迫害,单纯的三姐精神恍惚,晚上因煤气中毒,不幸去世。他双手抱头痛哭,众人都过来安慰他,收住哭声的他悲愤无言,两眼痴痴地瞪着天花板……

当时九院的墙上贴满了大字报,有批判周光召的,也有批判邓稼先的,也有批判于敏的。大字报说周光召执行"资产阶级路线",是"资产阶级反动学术权威",他的办公室门上也贴满大字报。他每天上班总是小心翼翼地推开办公室的门,钻进屋,生怕把大字报碰破后惹来麻烦。他一到办公室,顾不上别的,马上开始工作。

周光召回忆说:"那时正好处在突破氢弹的一个关口,我虽然也有一些消极情绪,但是我想无论如何也要把事情做下去，因为如果中国的氢弹不能（研制）成功的话，我们的历史使命就没有完成。"

单位内部成立了群众组织，两派互相攻击，研究工作也因此被迫停顿。这时，为了保证氢弹研究工作不致大受影响，邓稼先挺身而出，分别与两派的头目谈话，他说："毛主席指示我们，原子弹有了，氢弹也要快。我们要加快速度，抢在法国人前面爆炸第一颗氢弹，这也是周总理的指示。"在他的劝说下，两派暂时收起分歧，重新携起手来，投入突破氢弹技术的工作中。

那时，邓稼先经常挂在嘴边的一句话就是："氢弹设计不能停，再难也要按期完成。"

科学家们就是在这样备受冲击的情况下，争分夺秒地研制氢弹原理试验装置，于他们而言，早日进行氢弹原理试验、检验氢弹理论设计是否正确更加重要。为了不耽误氢弹原理试验并确保质量，王淦昌、郭永怀、陈能宽等科学家建议，核装置设计与制造紧密配合，边设计边制造，平行交叉作业，以争取时间。

1966年10月，和制造原子弹时的情景很相似，一座110米高的铁塔在戈壁深处威武地竖立起来，氢弹原理试验装置被放在塔顶上。在不发生意外的情况下，这里将成为氢弹原理试验的场所。

11月下旬，寒风刺骨的罗布泊戈壁滩又一次迎来参加核试验的大军，理论、设计、试验、生产、装配等各路人马会集于此，准备进行氢弹原理试验。罗布泊再一次沸腾起来。

为了保证试验一次成功，邓稼先与参加试验的人员同住一个帐篷，与工程技术人员一起认真检查仪器导线是否畅通，检查焊接部位是否牢固。为此，他常常几个昼夜都不能睡一个囫囵觉，只能在天快亮的时候，找个角落小憩一会儿。

西北地区本就植被稀少，到了秋冬季节三天两头刮大风，大风卷着沙尘将他们的帐篷吹得歪歪斜斜，时间久了，帐篷还到处漏风，尽管里面生着火炉，却冷若冰窖。每次走进冰冷的帐篷，邓稼先的脑子里常出现《露营之歌》中的两句："火烤胸前暖，风吹背后寒。"所幸工作人员大都不是第一次来，对此已经习惯了。

12月21日，氢弹装置被空运到试验场。经过多次试验，仪器运转全部正常。氢弹装置被吊到铁塔上，进入待命状态。

邓稼先期盼已久的时刻终于要到来了。他像以往那样戴着一副墨镜，站在距离铁塔20公里的掩体里，目不转睛地注视远方，等待那个验证他们多年心血与付出的精彩时刻。

12月28日12时，随着一道强烈的闪光，蘑菇云翻滚着直冲九霄，强烈的轰鸣震撼了戈壁荒原……邓稼先心里一阵狂喜：爆炸成功了！场上一阵欢呼雀跃。之后，试验部的测试人员紧张地忙碌开来，全神贯注地进行速报计算。爆炸后取得了大量测量数据，特别是取得了热核反应过程、聚变威力等重要数据。

氢弹原理试验达到了预期目标，也证明"邓－于方案"切实可行，先进简便。

当天晚上，中央人民广播电台播发了经周总理亲自审定的新闻公报，宣布我国又成功地进行了一次新的核试验。

3. 与法国"赛跑"

1966年的最后两天，与核试验成功完成仅隔了一天，聂荣臻便在马兰基地招待所主持召开座谈会，与研究专家们讨论下一步全当量氢弹试验问题，并确定1967年的试验任务。

在座谈会上，科学家们一致认为，这次氢弹原理试验能够成功正说明这条路子走对了，试验所采用的氢弹设计原理是中国氢弹技术的一项重要的突破性成就。下一步将采用这个原理，争取在1967年国庆节前，进行一次百万吨级全当量的氢弹空爆试验，并且确定采取空投的方式。

在那个时候，第一颗氢弹空投是值得自豪的壮举。因为空投氢弹的安全要求很高，难度很大。此前中国用轰炸机投过原子弹，已取得一些经验，但是氢弹的爆炸当量比原子弹大上百倍，空投需解决的问题很多，从弹体下落的轨迹，到投弹高度、飞机退出的航线、机舱内改装等，一系列的技术问题都很复杂。

一天，彭桓武抱着一堆外文报刊来到理论部的办公室。周光召问他有什么新发现，他说："西方媒体都在猜测法国什么时候爆炸氢弹。我猜法国很有可能在1967年爆响氢弹。"

一旁工作的邓稼先听到后猛地抬头，急切地问道："这么说，法国有可能抢在我们前面？"

彭桓武说："很有可能。"

办公室里众人面面相觑，建议向中央反映情况，提前进行氢弹试验。经中央讨论批准，氢弹试验时间提前到7月1日之前。

氢弹试验计划突然提前，给核试验基地带来许多困难。

首先是工程保障任务加重。这次试验需要建设327项工程，担任场区施工任务的工程保障部队刚刚完成氢弹原理试验任务，本该撤出休息，但新的任务迫在眉睫，他们只能硬着头皮上。

其次是核试验研究所要安排30多个试验项目，需要400多台测试仪器设备。为获得准确可信的数据，在沿用飞机穿云取样时，增加了雷达跟踪测控等手段。由于没有可参考的前例，研究人员只能加快研制新的测控系统。

和第一颗原子弹一样，在预定的爆心周围依次排列了呈放射状散开的各种效应物：一架架飞机，一辆辆坦克，一艘艘军舰，一处处桥梁、车站……各效应试验单位遵照周总理"一次试验，全面收效"的指示，在试验场区建造各种效应试验工程，计划在场区的不同方位、不同距离上安排137个效应试验项目，布放1800多件效应物，规模远比第一颗原子弹爆炸时大。

这一切在所有参试单位的努力下，都按时完成了。

核试验基地戒备森严的地下车间装配台上，中国第一颗氢弹已经总装、检查完毕，只待装上飞机投掷了。邓稼先异常庄重地在《氢弹试验任务书上》签下自己的名字。

在核弹总装、检查完毕，插好雷管，准备试验之前，每次都需要一个负责人签上自己的名字，表明这颗核弹的准备工作一切就绪，可以点火了。这是对国家负责的一次重要签字，意义非同一般。作为理论部的负责人，这副千钧重担许多次都是由邓稼先挑起来的。而每次核爆"零时"前，对于签署者的煎熬是异乎寻常的。在某些文艺作品里，邓稼先的形象被塑造为"气定神闲、镇定自若"，但在实际工作中，很多人曾见过他在重大试验方案上签字时双手颤抖的样子。他也是普通人，在巨大的压力下，也担心试验失败。

1967年6月17日，这一天罗布泊晴朗无风、碧空无云，是个难得的好天气。在马兰机场，轰－6中程轰炸机准时起飞。8时20分，飞机弹舱开启，氢弹落下……开伞

第四章 快马加鞭不下鞍

……氢弹犹如蔚蓝色海洋中一个浮沉着的深水炸弹，使劲地拽着降落伞，摇晃、飘飞、滑行、下落……一道灼烈的白光闪过，接着是一声震耳欲聋的轰鸣响彻云霄……

氢弹在距靶心 315 米、高度 2960 米处爆炸。此时，天空出现了两个太阳：一个自然的太阳，一个人造太阳。两个太阳在蓝天上并排高悬，蔚为壮观。

伴随着隆隆的轰鸣，人们从指挥部、掩蔽堑壕里跳出来欢呼，一阵强风带着热浪迎面扑来，有的人几乎被吹倒，这是氢弹冲击波的威力。人们感受着氢弹爆炸给他们带来的兴奋、激动和震撼，欢呼声在远处伞状烟云的笼罩下经久不息。

坐镇现场的聂荣臻心潮澎湃地看着远处烟云，他看了爆炸后生成的数据报告后，给周总理去了电话，报告氢弹爆炸成功的消息，周总理用激动的声音向参加氢弹试验工作的全体人员表示祝贺。

从第一颗原子弹爆炸到氢弹爆炸，美国用了 7 年零 4 个月，苏联用了 4 年，英国用了 4 年零 7 个月，而中国只用了 2 年多的时间，以最快的速度赶在法国之前完成了从原子弹到氢弹的历史性跨越。

中国全当量氢弹试验成功，再一次震惊了世界，美国政府更是惊愕不已。因为美国进行了 45 次原子弹试验后才转入氢弹试验，而中国只进行了 5 次原子弹试验就成功地将氢弹研制出来。这不能不让美国人大为震惊。

法国得知后也大受刺激。法国第一颗原子弹于 1960 年 2 月爆炸，到 1967 年，法国的氢弹技术还未过关，直到 1968 年 8 月才试爆氢弹。中国的氢弹爆炸后，法国总统戴高乐对法国原子能总署的专家们大发雷霆，拍着桌子质问，法国的氢弹为什么迟迟搞不出来，而让中国抢在前面？这是 1985 年"法国快堆之父"万德里耶斯访问中国，与钱三强会见时亲口所说。当然，他也没有忘记问钱三强："你们的氢弹怎么那么快就制造出来了？"

美国在 1952 年爆炸的氢弹，是一个 65 吨重、3 层楼高的氢弹装置；苏联在 1953 年爆炸的第一颗氢弹虽能用飞机空投，但爆炸威力只有 40 万吨当量。而中国第一次氢弹试验便成功实现了体积较小、重量较轻、聚变比较高的 330 万吨当量的预期目标。它再一次有力证明，外国人能办到的事情，中国人也一定能办到，而且能办得更出色。在原子弹、氢弹爆炸的烟云中，中国让整个西方世界震惊，同时也赢得了平等和尊严。

邓小平后来在回顾这段历史时指出："如果没有（20 世纪）60 年代'两弹一星'的成功，中国就不能叫有重要影响力的国家，也没有今天的国际地位。这些东西反映了一个民族的能力，也是一个民族、一个国家兴旺的标志。"

4. 最危险的事留给自己

科学研究是无止境的。氢弹试验成功后,邓稼先等人又有了新的研究课题——造出小型化、实战化的核弹。从原子弹试验到氢弹试验,邓稼先等科学家用他们的行动表明,无论遇到哪种困难,他们都对科学研究矢志不移。不久,小型化、实战化的核弹以最快的速度出厂了。

当然,制造核弹面临很多危险。有一次要在特种车床上加工核弹的核心部件,把极纯的放射性极强的部件毛坯切削成要求的形状,这是一件充满危险的活,不能切多,也不能切少,不能有一个火星,不能出丝毫差错。李觉和邓稼先同时站在工人身后,看着工人一刀一丝、一丝一刀地操作,每车一刀测一次数值。年长的李觉站了一天,因体力不支导致心脏病发作,被人搀走休息。邓稼先整整坚持了一天一夜,直到第二天早上拿到合格的产品。

核弹试爆前要安装雷管,这是整个过程中最危险的环节。操作者务必小心翼翼,在场的人鸦雀无声,大家都高度集中精力,以防发生事故。所有人都明白,一旦操作不当，后果将不堪设想，给国家造成难以弥补的损失。每当这个时候，邓稼先总是默默地站在距操作人员不远处，他要稳住人心，给大家精神上的鼓励。每当有操作人员劝他离开现场，到安全区去，他总是笑着说："我是来给你们壮胆的。"

即使他远在北京，基地那边出了问题，也会打电话向他请示解决办法。一天晚上，邓稼先已经在家里休息了，突然响起一阵急促的电话铃声，接听后才知道是基地那边出了问题。汇报情况的人很紧张，邓稼先也急切地询问情况，了解清楚后，他告诉对方解决问题的流程。经过五六个小时的电话指导，远在千里之外的人员终于妥善处理了事故，化险为夷，没有造成人员伤亡，使大家情绪稳定下来。

核弹的加工处理不能出任何纰漏，邓稼先经常对人说："在我们这里没有小事，任何一件小事都是大事。小事如果处理不好，就会酿成大祸。"

九院迁到四川山区以后，一天深夜，邓稼先床头的电话突然响起，是核材料加工车间的电话，来人在电话里说一个重要部件的加工出了问题。放下电话，邓稼先穿着拖鞋就出门了，叫醒司机立即开车前往出事的车间。

那是一个连续下了好几天瓢泼大雨的深夜，电闪雷

第四章　快马加鞭不下鞍

鸣，风雨交加。吉普车沿着盘山公路狂奔，道路的外侧是悬崖，悬崖下，洪水咆哮，惊心动魄。当吉普车冲下山坡来到一座桥头时，水已经漫过了桥，司机眼疾手快，急忙刹车。邓稼先借着车灯的光柱向前望去，只见浑浊的河水打着漩涡，从桥面上流过。水有多深，桥面是否塌陷，他们很难借着车灯看清楚。司机告诉邓稼先，这条河平时就很湍急难渡，暴雨涨水的时候更不用说了。不久前的一个白天，一辆卡车就在这里翻进河中，车毁人亡。而当时肆虐的暴雨和茫茫黑夜，以及不久前的惨案都令司机胆怯不已。

邓稼先看出了司机的心思，说实话，他自己也有些害怕。但是，时间不容耽搁，他没有多想，拍着司机的肩膀鼓励他说："冲吧，现在洪水还不是很大，桥面不会被冲垮。如果再犹豫，等山洪下来，我们进退都危险。"

"老邓，你可是大科学家，万一……"司机有些担心地说。

想到车间可能发生的事故，邓稼先急了，命令道："咱们是去排除故障，这可不是儿戏，万万不能耽误。干咱们这一行的，出了事故就不得了啊！"于是，司机加大油门，吉普车像变成一艘快艇，劈开水面，冲上桥面，他们刚到对岸，一排巨浪打来，随着一声巨响，桥栏杆全都消失在洪水中。

"老邓，好险呀！"司机喘着粗气说。

邓稼先掏出一支烟，递给司机，笑着说："看样子我们命大呀，死不了！"

日复一日的紧张工作，像一块磨刀石，一点点地磨损着邓稼先强壮的身体。50岁以后，邓稼先表面看起来很强壮，但已经开始出现衰老的迹象。

1982年，在一次核试验中，核装置已经下到井口，准备工作正在有条不紊地进行。留守北京理论部的于敏突然想起一个过去被忽略的物理因素，连忙打电话请求暂停作业，并立即组织科研人员用多个程序对算。当时的情况可以说是牵一发而动全身，各级领导不断追问情况进展。邓稼先在现场心急如焚，紧张地思考怎么处理这个问题：轻易停止试验，没办法解释交代；但是，如果试验出了问题，后果不堪设想。最后，他还是和于敏扛住了压力。他那时已担任九院院长，他知道只有自己稳住神，军心才不会乱。

为了尽快处理这件事，邓稼先忙了两天一夜，用各种办法推算，从各个角度检验，以证明是否能够继续试验。因为如果停止试验，起吊装好雷管的核弹本身就极其危险，何况还要卸去已经拧死的螺丝才能改动装置。他反复推算，最后得出结论，核试验可以照常进行。最终，这次试验取得成功。

试验成功，邓稼先自然非常高兴，在庆祝会上，科研人员们不免要拿出好酒一醉方休。颇有酒量的邓稼先平时和人喝酒很是豪爽、无拘无束，但这一次他只喝了一口，就突然倒下了。经检查，人们才知道这次昏厥不仅仅因为疲劳过度，与他多年来受到放射性伤害、体质变弱也有很大关系。

研制核武器除了超负荷工作造成的体力和脑力的过度消耗外，还有一个更可怕的后果，那就是钚239和铀235的放射性核辐射对人体的伤害。这是一种不易察觉的伤害。自从法国科学家亨利·贝克勒尔在19世纪末发现放射性以来，物理科学研究不断深入，到居里夫妇时有了一个大飞跃。放射性的发现，在造福人类的同时，也降灾难于人类，而科学家本人往往首当其冲，成为受害者，居里夫人就死于受过度辐射引起的再生障碍性贫血。

邓稼先和居里夫人一样，为了事业，长年与放射性物质打交道，一次又一次主持新的核试验，经常出入车间，在相当长的一段时间里，他几乎天天接触放射性物质。干这一行的人都知道，车间里虽然有防护设施，但是测试放射量仪表的指针常常指向最高，原子弹、氢弹的装配车间更是被科学家和工人们称为"阎王爷在人间的临时收容所"。所以，操作人员每操作一步都极其细心，如履薄冰。

而关键时刻，邓稼先总会出现在车间，为的是给操作人员心理减压，他也因此成了那些默默无闻的工人师傅的朋友和"定心丸"。

有一次开密封罐观看测试结果，原有防护措施不足以抵挡新材料的放射强度，致使邓稼先和其他研究人员一下子受到超出常量几百倍的辐射。后果大家心里都明白，但所有工作仍照常进行，邓稼先自己并不在意！

最严重的是1979年夏天那次空投核弹试验，由于核弹的降落伞没有打开，1吨重的核弹从高空直接掉到地面上。核弹掉到了哪里？它的状态如何？大家都为此十分揪心，因为这类事故有可能引起严重后果。指挥部立刻派出防化大队寻找掉落的核弹，防化兵们携带侦测仪和一部电台赴靶区进行搜索。靶区有将近10平方公里，指挥员在地图上将靶区划分为9个方格，每个方格大约1平方公里。车辆一字排开，以15公里的时速前进。

由于在这片靶区进行过多次核试验，核辐射很强，仪器不断发出"嘀嘀嘀"的响声。在第三次掉头搜索后不久，有几台车先后发现读数异常，指挥部很快确定了核弹掉落的位置。

许多科研人员，甚至国防科委的领导，都争相要冲往禁区，大家心急如焚，想早点找回核弹。邓稼先决定自己到现场验证，许多同志都反对他去，基地的领导更是坚决不让他去："老邓，你不能去，你的命比我值钱。"但邓稼先认为自己身为负责人理应承担事故责任，他必须去，谁也劝不住。

放射性物质对人体会造成极大的伤害，核燃料钚239如果侵入人体，极易被骨髓吸收，在人体内的半衰期是200年，也就是说进入体内200年后还剩一半。毋庸置疑，被这种燃料辐射的人将终身受到伤害。1克钚可以毒死100万只鸽子，由此不难想象它对人体的伤害。

在核研究的历史上，不乏核辐射导致人员伤亡的惨痛案例。

美国核物理学家哈里·达格尼安在一次进行冷试验时，不小心拨弄到可裂变物质，引起链式反应，尽管他在千钧一发之际切断了辐射源，但他的右手仍被核辐射渗透，射线穿透了他的皮肤和内脏，仅仅一小时后他就被夺去了生命。

还有一位名叫路易斯·斯特洛金的科学家，在试验中把两个有裂变物质的半球置放在一根金属棒的两端，一时不慎，两个半球靠拢，发出耀眼的蓝色火花，所幸他及时发现，猛扑过去把它们拉开，但他自己也因中了大量射线而不幸身亡。

1957年9月29日，苏联克什特姆市附近的核燃料再处理工厂储存的核废料发生意外爆炸，放射性物质随风飘散，污染了周边 800 多平方公里的土地。一周后，该地区的居民皮肤开始被腐蚀，政府紧急下达了疏散命令。据保守估计，至少有 200 人因直接污染而死于癌症。

　　核辐射对人体的伤害以及世界上其他国家的惨痛教训，邓稼先心里再清楚不过，但是他想，这事无论如何他都得去！

　　当时场外的所有人还不知道核弹是因为降落伞没有打开而掉落，以及掉落的核弹到底是什么状态。如果在察看过程中核弹意外爆炸，后果不堪设想。最终，邓稼先和二机部副部长赵敬璞一起，坐上吉普车向戈壁深处驶去。

　　吉普车里的空气似乎凝滞了，他们都忧心忡忡，一言不发。邓稼先紧锁眉头，忐忑不安地思考着一连串的问题：究竟是什么事故？有几种可能？最坏的结果是什么？怎样避免损失？……他反复在脑海中排查与这次核试验相关的问题，唯独没有想到核辐射对自己的伤害。

　　吉普车在戈壁荒滩上奔驰，邓稼先等人也在一点点接近危险。身为一名科学家，邓稼先此时已经顾不了那么多了，他只想早点确定事故原因，从而减少损失、避免发生事故，而早已把自己的生死置之度外。

　　到了发生事故区域的边缘，邓稼先让汽车远远地停下来，凭着科学家的直觉，他感觉到这颗核弹虽然没有爆炸，但是仍然存在对人体产生巨大伤害的危险，于是坚决阻止赵敬璞和司机与自己同行。

赵敬璞和司机执意要去，邓稼先一反常态地急了，他顾不得赵敬璞的二机部领导的身份，只想保护他们的安全，他严肃地说："你们给我站住！你们过去也没有用，没有这个必要……"后面的"白白做出牺牲"被他强行咽了回去。在他看来，在这危险时刻，能减少"做出牺牲"，就尽可能为核事业保留一个可用之才。

邓稼先默默地穿戴好防护措施，身边的赵敬璞与司机因不放心一直叮嘱他注意安全。一切准备停当后，他戴着一副墨镜，身穿白色防护服，一步步地向目标走去。过了一会，那颗破弹出现在邓稼先的视野里，它已经摔碎了，碎片散布在半个足球场大的范围内，核弹着落处有一个大坑。他快步走过去，在强烈的责任心驱使下，用手拿起一块弹片察看——他放心了，因为最担心的后果没有出现。

当他拖着疲惫的身躯走回吉普车时，赵敬璞首先看到了他脸上的笑容。邓稼先对赵敬璞说的第一句话就是："平安无事！"然后，他主动邀请赵敬璞合影留念。他们两人头戴白帽子，身着白色防护服，口罩一直遮到眼睛下边，站在无边的戈壁滩上，留住了这难忘的时刻。

正是这一次，邓稼先遭到极为严重的钚239的辐射伤害，放射线摧垮了他的健康防线。

5. 戈壁再传捷报

对于世界各国核武器的发展状况，邓稼先一直都密切关注。超级大国的核武器往往随着它们整个科技进步，以迅猛的速度发展。美国已经进行了900多次爆炸试验，到20世纪70年代末80年代初，美国总统又下令恢复发展生产中子弹，也就是人们通常说的第二代核武器或新的核武器。

中子弹是一种中子流大量增加的武器，高能中子的穿透能力非常强，大于伽马射线。实际上，有人把中子弹看成一种微型氢弹，其裂变作用和聚变爆炸都产生中子。中子弹的"瞬间"辐射作用是主要的，比一般炸弹高出10倍。而爆炸产生的冲击波的作用虽然仍旧有效，但比较次要。如果中子弹在高空爆炸，例如在20层楼以上的高处爆炸，其冲击波对物质的损害作用就更小了。它没有明显的放射性沉降，产生的辐射也很少，因此它比较"干净"。可见，中子弹在对物质破坏力较弱的情况下保持对生物的杀伤力。

也就是说，如果用中子弹袭击装甲车，车辆不会被摧毁，只会杀伤车内人员。因此，美国研究者认为，中子弹是防御进犯敌人最理想的武器。

第四章 快马加鞭不下鞍

在世界政治格局中,核武器的威慑作用是不言而喻的。一个核科学家在核武器研制方面,必须使自己的祖国站在世界前沿行列,否则就谈不上有强大的国防威力。所以,邓稼先在生命的最后几年,依然全身心地投入新一代核武器的研究。

1984 年年底,也就是邓稼先去世前的一年半,尽管他的身体已十分虚弱,但是他不顾个人安危,仍然为中国的核武器研制沥尽心血。

时值隆冬,罗布泊天寒地冻。邓稼先再一次来到罗布泊试验场,着手进行我国新一代核武器的地下试验。他像往常那样安排工作,检查准备情况。这些天来,他一直拉肚子,浑身无力,在检查试验场准备工作时几乎迈不开步子,只好由两位同志搀扶着,才勉强到达目的地。别人以为他是水土不服,其实真正原因是便血。自从 1979 年那次近距离检查未爆炸的核弹而"吃"了大剂量辐射后,他的身体明显变差,他对此心中有数,但是从来不对别人说。

夜里,邓稼先坐在昏暗的灯光下,一遍又一遍地审阅试验设计报告。时间已是凌晨 2 点,他仍无法入睡,他的心无法平静,焦急地等待地下竖井里安放核装置的进展情况报告。倘若一切顺利,新一代核武器第二天就可起爆。

夜越来越深了,外面狂风呼啸。邓稼先看着早已熟稔于心的试验设计报告，认真地思考和判断，检查数据是否准确，唯恐粗心漏过一个字。几个小时后，他终于逐字逐句地看完了报告，郑重签上了自己的名字。

"我不爱武器，我爱和平；但为了和平，我们需要扼杀武器的武器。"这是泰勒的名言，邓稼先时常引用。在一次会议上，他坦言道："如果说原子弹、氢弹是大规模摧残性的进攻性武器，那么，新一代核武器则是一种有效的战略防御武器，周总理生前曾经称它是'扼杀武器的武器'。它对于保卫国防具有更重要的价值。这个'扼杀武器的武器'，我们一定要搞成。外国人可以做到的，我们也一定能做到。"

那口直径2.5米、深600多米的地下竖井，就是试验中子弹的地方。邓稼先和往常一样，坐在指挥部里，等待着井下的消息。他主持过15次核试验，绝大多数获得圆满成功。有人戏称他为"福将"，有老天爷保佑。可是，倘若没有一丝不苟的工作态度，没有如履薄冰的研究过程，没有吃大苦、耐大劳的精神，没有上下左右的团结协作，老天爷也是靠不住的。此刻，核装置已被放入井下，各种测试仪器开始启动。

在指挥部里，邓稼先感到非常疲惫，他又冲了一杯盐糖水喝下去。就在这时，急促的电话铃响了，现场指挥人员向他报告：有个信号测不到了。

此前就有消息称：美国前不久进行地下核试验，一颗

2万吨级的核弹头意外爆炸。结果地面塌陷，十几名参加试验的人员伤亡，昂贵的核装置也报废了。

邓稼先听完汇报，又联想到美国近期的试验事故，急忙推开指挥所的大门，坐上车直奔现场。在荒漠中的竖井边，强劲的西北风夹裹着沙子，扑打在他的脸上、身上，呛得他喘不过气来。尽管身穿军大衣，裹着围巾，戴着棉帽，但呼啸的西北风还是无情地钻进他的身体。他冒着严寒和科技人员一起分析故障原因，直到故障排除后才离开。而离开时，他近乎虚脱，惨白的脸色让在场所有人无不心疼感叹。

第二天，试验取得了成功。在这次试验中，邓稼先和他带领的研制人员第一次观察到中子主体点火和燃烧的新现象，这标志着我国中子弹研究有了重大突破。

喜上眉梢的邓稼先打电话向二机部领导报告了成功的消息："中子主体点火正常，燃烧也正常！总剂量超过上限，理论和实践取得全面成功，我们的核武器科研又有一次重大突破！"

二机部副部长刘西尧为这次核试验赋诗道：

二十年前春雷响，今朝聚会盼新雷。
喜闻戈壁传捷报，敬贺老邓立新功。

把一生献给了核事业——邓稼先

邓稼先的这一新功,是他一生事业上的第三座丰碑。这次事业上的突破,又为国家安全事业添筑保障,这怎能不让邓稼先欣慰激动呢?但为了保密,他无法向亲近的家人分享喜讯,只好把这份激动的心情记录在庆祝会的签到本上,他挥笔写下一首诗:

红云冲天照九霄,千钧核力动地摇。
二十年来勇攀后,二代轻舟已过桥。

第五章　最后的日子

　　1985年8月，邓稼先被确诊身患癌症。在生命最后的日子里，他想到的仍然是工作，是国家的核武器发展，真正做到了鞠躬尽瘁，死而后已。

1. 病魔悄然降临

1979年夏天遭受核辐射之后,邓稼先回北京住院进行检查。对于检查结果,他已有所预料,因为他是核物理学家,非常了解核辐射对人体的伤害。

检查结果显示,他的尿液有很强的放射性,白细胞内的染色体已经呈粉末状,虽然数量在正常范围内,但白细胞功能不好,肝脏也受损。医生说他几乎所有的化验指标都不正常。但是,邓稼先只是轻描淡写地对妻子说尿不正常。许鹿希是学医出身,知道事实并不像丈夫说的那么简单,她头一回发火了,跺着脚埋怨他不该对自己的身体这样漫不经心。

邓稼先望着妻子说:"就是不检查,我心里也清楚,不过……你在外边千万别说。"

"不说可以,但是你要脱离那个工作一段时间,到疗养院休息治疗，这是当前最要紧的。"

"希希，我不是说过吗，做我们这一行，总要有点牺牲。我现在是院长，又是党员，一定要走在前面。现在许多事情还没有搞实，我怎么能住院疗养呢？我今后多注意就是了。"

"不去疗养院也可以，能不能在家多休息几天？"

"不行，我得赶紧回去，因为……"

"又有什么新突破，对吧？"

邓稼先静静地靠在床头，没有回答。他的眼睛看着别处，沉默着……是啊，他还有太多的事情没有做完，他的事业还在等着他，他怎么能骤然停下来？所以，无论许鹿希怎样告诫和劝阻都无济于事，他已经成为一辆刹不住的"高速列车"。

然而，病魔正在悄悄吞噬着他的健康。

1985年7月底，军委副秘书长张爱萍在北京召开了一次会议，邓稼先从绵阳回到北京参加会议，向张爱萍及有关领导汇报九院的重建情况。张爱萍一见到邓稼先就有些吃惊，关切地对他说："老邓同志，你怎么瘦了？气色也不太好。"

"因为我们很久不见了，实际上没有什么变化呀！"邓稼先见张爱萍如此关心自己，心里非常感动。这段时间他总是感到力不从心，有时爬小坡也气喘吁吁，周围的人也说他身体大不如前，但他自己并没有在意，觉得是工作忙，有些疲劳而已。

"你最近身体怎样？有什么不舒服吗？"张爱萍认真地接着问道。

"其他没有什么，只是患痔疮，总流血，怪讨厌的。"

"做过检查和治疗了吗？"

"只做了一般的治疗，没做什么检查。"

"那就到301医院去好好检查一下，我来给你联系。"张爱萍说着，马上打电话给301医院院长，说明了邓稼先的情况，特别叮嘱要对邓稼先全面检查。对方请示什么时间，张爱萍说："现在，现在就出发！"

"不，不！"一旁的邓稼先连忙推辞，"我还没向您汇报工作呢！"

张爱萍问："有什么亟待解决的问题吗？"

邓稼先说："没有。"

张爱萍说："没有的话，现在就去。"说完，他派自己的车送邓稼先去了301医院。

医生经过初步检查，怀疑是直肠癌，建议邓稼先住院。邓稼先却告诉医生，他正在开一个很重要的会，目前不能住院。但医生的口气没有丝毫商量的余地，他这才意识到问题的严重性。

6天后，医生对邓稼先进行了活体取材检查手术。手术后，张爱萍急切地问医生："活体检查怎么样？"医生说："要一周后才能知道结果。"张爱萍着急地说："我就坐这儿等，你们必须尽快拿出结果。"半个小时后，冰冻切片的结果出来，邓稼先被确诊为直肠癌。

张爱萍深感愧疚，一位功勋卓著的科学家又要面临生死的考验了。为什么没早发现呢？不是制定了专家定期体检制度吗？看来专家体检制度还是没有很好落实。九院近几年有过几次体检，但是邓稼先一次也没有检查过。因为体检时，他不是去了罗布泊，就是在其他地方，总是在忙。

张爱萍指示301医院领导："为邓稼先同志专门组织一个医疗小组，尽快拿出治疗方案，我要听你们的方案汇报。"

返回办公室后，张爱萍又亲自给国防科工委、核工业部有关领导打电话，明确指示："要迅速检查专家体检制度和疗养制度的落实情况。今年未进行体检的，马上补查；未疗养的，要组织疗养。有困难及时向我报告，在这个问题上，我们不能再犯错误了！"

8月10日，301医院决定为邓稼先做清除肿瘤手术。一大清早，张爱萍便来到医院，核工业部和九院的领导也紧随其后。许鹿希默默地守候在手术室门口。手术后的病理诊断是：肿瘤是恶性程度较大的低分化、浸润性腺癌，直肠旁淋巴结七个全部有转移……属中期偏晚，预后不良。

医生的话让张爱萍一阵紧张，他回过神来，又一次叮嘱道："一定要想办法减轻邓稼先的痛苦，千方百计地予以治疗。有什么困难和情况，要及时报告我们。为了他的康复，我们可以不惜一切代价。"

之后，专家组将邓稼先的病情详细记录在病情报告中，不定期但及时报告给有关领导和单位。不久，张爱萍接到了一期《邓稼先病情报告》，说有癌细胞转移，准备化疗。

看完病情报告，张爱萍批示道："请国防科工委领导和核工业部领导同志分别前往探视。对其本人和家属应多予以慰勉和照顾。国防科工委和核工业部应指定专人，随时与邓夫人及医院取得联系。"

身患癌症，而且已近晚期，对邓稼先来说是一个很难接受的打击。这意味着他的生命即将走到尽头，意味着他将离开深爱的事业和亲人。

许鹿希是医学教授，她很了解这个病的情况，此时的她非常绝望，一切办法都试了，根本无法阻止癌细胞的扩散。邓稼先对妻子说："我知道这一天会到来，但没想到它来得这样快。"他拉着妻子的手，眼神里流露出一丝惋惜："希希，我并不悲叹死亡。父亲生前说过，'死是一个哲学问题，也是一个让人的心灵得以净化的美学问题'。庄子就将生死当作无差别境界，他泯灭了生死之别，突破了时空局限，以'逍遥'之游超越死亡，达到精神的绝对自由。庄子视死如生，达观超脱，所以，他能以快乐之心赴死。只是，我觉得对国家贡献的还太少，本来还能再多做一些事。"

许鹿希无言以对，唯有止不住的泪水在流淌。邓稼先抚摸着妻子的头发，劝慰道："希希，不要难过。生命来自大地，最后又回到大地，这是很自然的事。清代诗人龚自珍有一句诗，'落红不是无情物，化作春泥更护花'，古人有这种情怀，我们不应逊于古人。"

多年后，许鹿希回忆邓稼先生病的细节时说："邓稼先可以避免这次致命的伤害吗？他应该躲过这次致命的伤害吗？和他共过事的熟人、了解他的朋友在他已经逝世许多年后，仍然对这个问题持有各自不同的看法。可是，他一定会去的，这是他世界观发展的逻辑结果。"深植于邓稼先内心的使命感、责任感以及对国家深沉真挚的感情让他不顾个人安危，将自己全部奉献给了我国的核事业。

2. 病床上写就建议书

手术后的邓稼先只能在病床上静卧，但他人在医院心却不在这里，他最不甘心的就是再也不能回到试验场上去了，他的心里仍然惦记着核试验的工作。手术后的第四天，他就颤抖着给核研究院写了一张便条，让他们把有关材料和书籍寄到医院来。他还要查阅关于美国"星球大战计划"的资料和剪报，又拜托别人给他借来一大堆英、法、俄文杂志。他要在病床上继续工作。许鹿希提醒他注意身体，但无济于事。

了解了众多国际前沿的动态后,邓稼先以其高度的政治敏锐性和深厚的业务功底,通过分析核大国当时发展水平和军控动向,认为核大国的核武器设计水平已经接近理论极限,并且已达到可以用计算机模拟试验的程度,不需要再进行更多的核试验。因此,美国等国家完全可能通过限制别国的核试验来维持自己的核大国优势地位。核大国这种举动对于正处在发展关键阶段的中国核武器工业来说,是十分不利的。

基于这样严峻的事实,邓稼先顾不得自己重病缠身,打算起草一份建议书,向中央建议一定要赶在国际上禁止核试验之前抓紧完成核极限试验,否则中国将永远无法成为真正的核大国。当多年的老同事、老搭档于敏到医院看望他时,他把这些想法告诉于敏,于敏非常赞同,但又担心他的身体吃不消。邓稼先半开玩笑半认真地说:"我大概就是这么回事了!人早晚都要走,怕的是事情没做完就走了,那才是遗憾。"于敏眼眶一热,含泪点头。邓稼先兴致很高,接着说:"那好,咱们一起来做这件事。这几天我大概想了几点,不是很细,我先提出来,你们帮着一起完善。"随后写建议书的那些日子,邓稼先的病房成了临时会议室,他和同事们反复商讨、推敲。每当这时,他总显得精神焕发、精力充沛,似乎有说不完的话和用不完的力气。初稿写成后,他又在病床上逐字逐句地斟酌修改。

1986年3月14日,邓稼先给于敏和九院副院长胡思得

第五章　最后的日子

写了一封短信：

老于、胡思得：

　　陈常宜转告蒋部长的意见：1. 由我和老于签名上报为好，不要用院的名义上报。2. 要上报部一份。3. 此事是十分重要的。

　　所以上报时，望送科委、部各一份，同时也要给院一份。不过胡思得的草稿已送到科委，还要不要我和老于签名上报？即便不需要再送科委，也要送部一份……

　　1986年3月28日，准备翌日进行第二次手术的邓稼先坐在用来缓解痛苦的橡皮圈上，艰难地用铅笔轻轻地在纸上滑行，给胡思得写了一张便条。便条的内容是关于建议书的修改意见。此时天气还不热，但剧烈的疼痛使他写这张便条时写写停停，满是心疼的许鹿希一直在他身边给他擦虚汗。他在纸条上写道：

老胡：

　　我明天还要动一次小手术，来文我看了两遍，我觉得可以了，但最后一段要同星球大战（如激光、FEL、Excimer、电磁轨道）等"高技术"（现在国内新用的专门名词）联系起来，申述一段，然后由我和老于签名，抬头是核工业部、国防科工委（抄九院）。

他预感到自己时日无多,不止一次地对许鹿希说:"我有两件事必须做完,那一份建议书和那一本书。"他躺在病床上,翻阅堆在床头桌上那2尺多高的书籍资料,想到什么问题就马上给九院领导打电话,谈工作,谈方案。

1986年4月2日,经过与同事们反复商讨,由邓稼先和于敏签名的给中央的关于我国核武器发展的建议书终于完成了。这是为国家领导人做最后决策提供的重要参考材料。写建议书时,邓稼先已开始化疗,一次要好几个小时,他只能躺着或半躺着,边做化疗边看材料。正是凭着对党和国家的无限忠诚,凭着对事业的无比执着和坚强的毅力,他完成了这份凝聚自己心血的建议书。这是一位临近人生终点的科学家对祖国的最后牵挂。

完成这件事后,邓稼先倒在床上深深地吸了一口气,自言自语道:"好了,我死也瞑目了。"随后,他让许鹿希尽快将建议书送出去。在许鹿希拿着这份材料即将走出病房前,邓稼先叫住她,郑重地说了一句话:"这比你的生命还重要!"

这份体现了邓稼先远见卓识的建议书,具有超常的价值,里面提出了争取时机、加快步伐的战略建议,以及需要集中力量攻克的主要目标,而且非常详细地列出达成这些目标的具体途径和措施。这是一份凝聚着邓稼先和他的同事们的心血,又十分客观、科学的建议书,引起中央领导人的高度重视。之后，中国核武器研究工作继续推进了10年，终于赶在国际禁止核试验之前完成了极限试验。1996年9月10日，联合国大会通过了《全面禁止核试验条约》。现在回过头去看这份建议书，怎么评价它的重要性也不过分。

除了建议书，邓稼先说必须做完的另一件事是他的学术专著《群论》。这是由邓稼先为九院的年轻科技工作者做辅导授课时的讲义整理而成。他本打算将其充实到40万字，但癌症的折磨使他被迫停笔。这部20多万字的学术精华对后来的核物理研究和科研人员的培养起到十分重要的作用。

1996年7月29日，也就是邓稼先逝世10周年当天，我国进行了第45次，也是最后一次核爆炸，完成了极限试验。同时，我国政府郑重宣布，从1996年7月30日起，中国暂停核试验。

3. 未了的心愿

邓稼先住院治疗期间，他的外甥小捷来医院陪床，给他带来美国乡村音乐《我的肯塔基故乡》的录音磁带。这是他特意嘱咐小捷找的，自留学时他就非常喜欢这支美国歌曲，听着听着，他渐渐入神了：

把一生献给了核事业——邓稼先

> 阳光明媚照耀肯塔基故乡,
> 在夏天黑人们欢畅,
> 玉米熟了,
> 草原到处花儿香,
> 枝头小鸟终日在歌唱。
> 那儿童们在田舍游玩,
> 多快乐,多欢欣舒畅,
> 不幸的命运却来敲门拜访。
> 啊,再见吧,我亲爱的故乡!
> 你别哭吧,姑娘,
> 今天别再悲伤。
> 让我们为亲爱的故乡歌唱,
> 为那遥远的故乡歌唱。

他沉浸在歌曲情意绵长、朴实真挚的意境中,任思绪自由飞扬。他似乎又回到了罗布泊,看到一眼望不到边的戈壁,看到盛开的一丛丛马兰花,还有那朵硕大的蘑菇云。记得有一次,他突然想游泳,于是说服医生李锦秀,坐上吉普车直奔美丽的博斯腾湖。清凉的湖水洗去了一身浮尘与疲劳,躺浮在水面上,仰望万里无云的蓝天,他感到无限畅快。但是没多久,基地警卫营副营长就带着几名战士追到这里,他不敢训邓稼先,只能虎着脸冲李医生发火:"为什么不阻拦邓院长?这是违反纪律,你懂不懂?"此时邓稼先已是中央委员,但他像个孩子似的冲李医生挤了挤眼……

歌曲结束了,他把思绪拉回来,对小捷说:"这次我出院后不能再做原来的工作了,但是还有好多事情要干,这些工作都是很有意义的。我想搞原子能的和平利用,直接造福于人类。你听说过吗?利用这种技术,猪肉在常温下放两个月还和原来一样新鲜,注意啊,是一样新鲜。"

小捷眨眨眼睛:"明白了,罐头只是防腐,不能保鲜。"

"对!不仅猪肉,许多食品都可以用原子能防腐保鲜。还有,医疗器械,像手术刀、注射器等用原子能消毒,既简单又彻底。再比如,咱们常用的避雷针的保护半径,只有避雷针安装高度的 1~1.5 倍,而放射性同位素做成的避雷针,保护范围比它大几倍到几十倍。"

小捷听得入迷,兴致勃勃地对舅舅说:"照这么说,原子能就可以到处制造奇迹了。"

邓稼先笑了:"现在还不能说'到处',可是奇迹也不少。就说菊花吧,李商隐的诗里说'暗暗淡淡紫,融融冶冶黄',现在用原子能辐照后菊花的颜色可就多了,出现双花甚至五朵花并蒂,花的直径能达到 38 厘米。更有意思的是,1979 年用原子能辐照后的一棵菊花,第二年 6 月 24 日就提前开花了。"

停了一会儿,邓稼先又说:"你知道吗,杨振宁在规范场方面造诣非常高,是他一生在物理学领域的最高成就,比起'宇称不守恒'来,它对物理学的贡献更基础,意义也更深远。如果不是已经得了一次诺贝尔奖,凭着规范场的成就,杨振宁完全可以再得一次诺贝尔奖。我对规范场也很感兴趣,还想把《规范场论》写出来,我已经写了一点自己思考的东西,给别的同志看过,他们还挺赞赏呢!说实话,我还想琢磨一下计算机。我还很喜欢自由电子激光,能搞成连续可调控的激光器,非常有意思。"他一口气说了很多计划,仍然雄心壮志,根本不像一个虚弱的病人。

病房里的邓稼先每天都有一种紧迫感,感觉还有很多事等着他去做。他以极其惋惜的心情多次谈到他的一个未能实现的设想。这是在他脑海中盘旋很久的一项工程,即解决核废料的危害问题。核废料始终是他的一块心病。他曾建议来医院看望他的省长,对核废料用剥离固化的方法处理后再深埋,这样即使发大水也冲不走,可保证本省老百姓不受核废料的危害。对于怎样化废为宝,他想过很多方案,希望能找到一种既可以把核废料的危害排除,又可以为国家创造收入的一举两得的办法。可是直到他离去,这个问题仍没有得到解决,成为他留下的许多遗憾之一。

直至去世前几个月,他还对许鹿希说:"煤矿工人太苦了,将来可以用造氢弹的原理,做成很小的可控核聚变钻探机，用于煤矿钻探，那样就不用人下井了。需要的氘和氚这两种元素，在海水里就有。这是最清洁、最没有公害的能源，而且取之不尽、用之不竭，因为地球上的海水太多了。这个再过50年人类一定能达到。可惜，我是赶不上了。"

有一次，小捷又来陪他。邓稼先问小捷："《大卫·科波菲尔》这本书你读过吗？"

"读过。"小捷笑着说。

"那么我给你背一段，你听听。"说着，邓稼先用英语背诵起来，"'O Agnes, O my soul! So may thy face be by me when I close my life indeed: So may I, when realities are melting from me, like the shadows which I now dismiss, still find thee near me, pointing upward!'"（噢，艾格尼丝！噢，我的灵魂！当我的一生真正完结了的时候，但愿你的脸也像这样在我身边！当现实像现在舍去的身影一样从我眼前消失的时候，但愿我依然见到在我身边向天上指着的你！）

艾格尼丝是大卫·科波菲尔深情钟爱的妻子，两人青梅竹马。邓稼先选择背诵这一段，也是对自己一生情感的回忆和抒发。

年轻时，邓稼先经常去阜成门外的八一湖游泳；患病后，他和妻子又一次来到湖畔。那片蓝色的湖水波光粼粼，微风吹来，许鹿希的头发徐徐飘动。邓稼先注视着妻子。

"稼先，你在看什么？"

"你的头发好像长了些。这样也好，这样更好看。"

许鹿希用手捋了一下头发，这段时间为了照顾邓稼先，她已经很长时间没去剪发了。

黄昏中，一阵缥缈的歌声随风而来：

> 我要去那里，
> 那里没有战争。
> 我要去那里，
> 那里有开满菊花的芬芳。
> 我要去那里，
> 那里有我的好姑娘。

他们的手紧紧地握在一起。此刻，他们多想让时间停下来，没有战争，没有核试验，没有癌症……

住院期间，邓稼先为了完成《群论》，他开列了一个很长的书单，让人回基地时帮他从办公室书柜里找出来带给他。他忘了自己是个病人，最需要休息，为了不让医生和护士发现，他把书藏在壁柜里，晚上等医生和护士查房结束后，再拿出来看。

邓稼先一生以书为伴。他的病床边上放着一本《简明核工程手册》，这是一本工具书，收录有从事核工业研究需要的各种数据。几十年来，他有两本书总是随时带在身边，除了这一本，还有一本《量子场论》。他做粗估的时候经常翻阅《简明核工程手册》。几十年来，他做过的粗估不知道有多少，这是他做核武器研制工作的典型体验，过去他的这种感受被重复过无数次，现在他非常怀念这种体验。

邓稼先有一个表侄叫葛孟曾，是一位中学教师，也酷爱看书。以往邓稼先每次回京都抽空跑书店，特别是外文书店。他和葛孟曾时常在那儿不期而遇。因为研制核武器期间他在北京停留的时间很少，有些书他只好托葛孟曾帮着买。1986年夏初，邓稼先的身体已经很虚弱了，但是爱读书的习惯一如既往。他发现了一本好书《基本粒子物理学的规范理论》，是研究规范场很需要的参考书。当时他已经不能再去书店了，便托葛孟曾代买，并嘱咐他"无论如何也要买到"。葛孟曾四处打听，始终没有买到，每次去医院看望表叔，他总怕表叔问起此事，怕看到表叔失望的表情。终于有一天，葛孟曾买到了这本书，他欣喜若狂地奔赴医院，想尽快把这份喜悦带给表叔，但为时已晚，邓稼先带着诸多未完成的遗愿走了。

4. 向祖国告别

1985年国庆节快到了，一天，邓稼先对负责照顾他生活的警卫员小邓说："今天感觉还不错，走，我们再去看看天安门。"

　　北京的秋天是美丽的，国庆节前的天安门广场红旗飘扬、鲜花盛开，更是美不胜收。邓稼先虽然家在北京，但是他多数时间住在基地，每次回京开会或者汇报工作也是来去匆匆，很少有时间到天安门广场来悠闲地散步。他觉得这一天是他见到的最美的北京。

　　长安街上人来人往，又增添了一些新建筑。记得1950年他从美国回来，正值新中国成立一周年。那天一大早，他和大姐、三姐一起骑着自行车来到天安门广场。广场上，人们脸上洋溢着幸福的红光，雄伟壮丽的天安门正中悬挂着毛主席的巨幅画像，两边是"中华人民共和国万岁"和"世界人民大团结万岁"的大幅标语。晨曦中，一队士兵护着国旗走来，邓稼先注视着国旗徐徐升起，激动的心情久久难以平静。旗杆上，五星红旗好像一朵美丽的赤色云霞在飘动，那是他第一次看到五星红旗。

　　直到今天，那情景依然历历在目。三十余年过去了，中国发生了天翻地覆的变化，他自己也经历了人生浮沉，把自己生命中最有价值的部分无私贡献给热爱的祖国。

　　走到天安门前，邓稼先停住脚步，深情地望着蓝天下金碧辉煌的天安门城楼，望着毛主席的巨幅画像，又转过身来仰望迎风招展的五星红旗，他知道这也许是最后一次来这里了。他缓缓抬起右手，向着国旗庄严地敬了一个军礼，久久不愿放下，似乎有千言万语要向祖国告白。

第五章 最后的日子

1986年3月，做完第二次手术后，邓稼先的病情一天天恶化，他告诉小捷"痛起来像用杀猪刀捅一样"，每次大痛，他浑身都被冷汗浸得湿透。

他渴望生，因为还有那么多想做却没有做完的事情，还有他深爱的也深爱他的亲人。而面对死，他又是那么从容和平静。

他对警卫小邓说："罗素对生命所持的豁达态度，我特别赞赏。罗素在《怎样做老人》一文中一段话，我时常在心头默默背诵。罗素说：'一个人的存在就像一条河流，开始很小，在狭窄的峡谷中流动，慢慢地流出峡谷变得汹涌奔腾，冲过巨石，越过瀑布，河面渐渐变宽，两岸渐渐后退，河水流动更平静了，最后滔滔不绝地汇入大海，毫无痛苦地失去了它的存在。'这段话说得多好啊！生命之河有自己的韵律，每个人都应在不同的年龄阶段调整好自己的琴弦，求得与这一韵律合拍，使生命的乐曲更圆润、更和谐。一个人的生命，就自身而言，即使再健康，最终的结局都是一缕青烟。但是，生命的价值却不相同，有的轻于鸿毛，有的重于泰山。我们应该在生前为自己的国家、自己的民族多做一些实实在在的事情，留下实实在在的脚步，这样才不枉此一生。"邓稼先的这席话一直珍藏在警卫员小邓心中。

1986年6月13日，杨振宁在访问中国期间，再次到医院看望老朋友邓稼先。此时邓稼先已经开始出现大面积出血症状，非常虚弱。他看见杨振宁送来一大束鲜花后，意识到这是老朋友要与自己诀别了。杨振宁走后，邓稼先平静地对许鹿希说："外国人习惯在朋友的墓前送上一大束鲜花，振宁他知道我不行了。"杨振宁和邓稼先在病房里拍了他们的最后一张合影，照片上，邓稼先还在微笑……

7月11日，邓稼先的生命接近终点，他已经没有力气做任何事情了。然而，他依然平静从容，他拉着许鹿希的手说："我今年62了吧？很好了，我记得赵尔陆上将也是62岁没的吧？"赵尔陆是在1967年初春走的。当时，因为被抄家，他只能住在办公室里，晚上一个人因哮喘病发作，在孤独中离世。这位为我国原子弹、氢弹研制做出卓越贡献的将军，没有看到4个月后中国的第一颗氢弹爆炸成功，落寞地离开了人世。

邓稼先说得那样自然，但是每个字都像针一样扎在许鹿希的心上。这让她如何回答？

他又接着说道："我真的可以走了。有你在身边，我走得也安心。"许鹿希已经泪流满面。

邓稼先去世前一个月，国家决定对他解密，公开他的身份，宣传他的光辉事迹，表彰他数十年来为发展我国核武器做出的重大贡献，并号召广大科技人员向他学习，学习他艰苦奋斗、舍生忘死、不计名利、甘当无名英雄的奉献精神。1986年6月24日，《人民日报》《解放军报》等重要报刊同时刊发了《"两弹"元勋——邓稼先》的长篇报道，向读者全面介绍邓稼先的先进事迹。至此，广大世人才第一次知道邓稼先的名字，知道他是"两弹元勋"，知道他是中国第一颗原子弹和第一颗氢弹理论方案的主要设计者，也更知道了他是一位"俯首甘为孺子牛"的科学家。

7月15日，国务院代总理万里来到病房看望邓稼先，并告诉他国务院已经决定授予他"全国劳动模范"荣誉称号和"五一劳动奖章"。万里走后，邓稼先忍着疼痛，让妻子拿来纸笔，艰难地写出接受奖章后的讲话草稿。

7月17日，国务院副总理李鹏等人来到医院，为邓稼先颁发"五一劳动奖章"和证书。会面前，邓稼先事先服用了加倍的止痛药。随后，面色苍白的邓稼先看见李鹏一行走进病房，面带微笑地招呼道："您那么忙，还专程来一趟。"

"应该的。"李鹏握住邓稼先的手说，"党和国家非常感谢你这几十年来，在核工业和核武器方面做出的贡献。现在我谨代表国务院向你颁发奖章和证书。"

李鹏把那枚闪闪发光的奖章戴在邓稼先的胸前。之后，邓稼先用微弱的声音读出那篇讲话稿：

昨天，万里代总理到医院看望我；今天，李鹏副总理亲临医院授予我"全国劳动模范"称号，我感到万分激动。核武器事业是要成千上万人的努力才能成功，我只不过做了一小部分应该做的工作，只能作为一个代表而已。但党和国家给我这样的荣誉，足以证明党和国家对尖端事业的重视。

回想解放前，我国连较简单的物理仪器都造不出来，哪里敢想造尖端武器。只有在共产党领导下解放了全中国，才能使科学蓬勃地发展起来。敬爱的周总理亲自领导并主持中央专门委员会，才能集中全国的精锐来搞尖端事业。陈毅副总理说，搞出原子弹，外交上说话就有力量。邓小平同志说，你们大胆去搞，搞对了是你们的，搞错了是我中央书记处的。聂荣臻元帅、张爱萍等领导同志也亲临现场主持试验，这足以说明核武器事业完全是在党的领导下取得的。

我今天虽然患疾病，但我要顽强地和病痛做斗争，争取早日恢复健康，早日做些力所能及的科研工作，不辜负党对我的希望。谢谢大家！

12天后，1986年7月29日，邓稼先与世长辞。临终前，邓稼先仍然放心不下自己的事业，他叮咛同事们在尖端武器研制方面要勤勉努力。"不要让人家把我们落得太远……"

第五章 最后的日子

5. 永远的核弹元勋

邓稼先生前留下遗言,去世后不开追悼会,唯一的要求是把他的骨灰葬在母亲的墓旁,以弥补自己生前无法尽孝的遗憾。但是,国防科工委与核工业部鉴于邓稼先的贡献,向国务院报送了治丧请示,副总理李鹏批示"稼先同志对中国核武器研制有重大贡献,似应隆重悼念",尚在外地的张爱萍则批示"决定何人参加追悼会,请即告我,我今日赶回京"。

1986年8月3日下午,在北京八宝山革命公墓礼堂举行了隆重的悼念仪式。邓稼先安睡在鲜花丛中,脸上依然是一副宽厚微笑的神态。大厅两侧摆满了党和国家领导人、国务院有关部门献上的花圈。追悼会由中共中央政治局常委、书记处书记胡启立主持,军委副秘书长张爱萍致悼词。悼词全文如下:

中国共产党的优秀党员、杰出的核科学家邓稼先同志,因患癌症,医治无效,于1986年7月29日在北京逝世,终年62岁。

今天,我们怀着十分沉痛的心情,深切悼念这位为我国的核武器事业无私无畏地奉献了自己毕生精力的工人阶级优秀战士、中国知识分子的杰出代表。

邓稼先同志生前是中国共产党第十二届中央委员会委员、国防科工委科技委副主任、核工业部科技委副主任、核工业部第九研究院院长、中国科学院物理学数学部学部委员、全国劳动模范。

邓稼先同志1924年生于安徽省怀宁县，1945年毕业于西南联合大学物理系。抗战胜利后，他在北京大学物理系任教，积极参加了中国共产党领导的反对国民党反动派的民主斗争，曾任北京大学教职工联合会主席。

1948年赴美国留学，在印第安纳州普渡大学获物理学博士学位。1950年9月，他毅然冲破重重险阻回到祖国，满腔热忱地投身于社会主义新中国的建设。曾任中国科学院近代物理研究所、原子能研究所助理研究员和副研究员，兼任中国科学院数理化学部副学术秘书，从事原子核理论的研究，为我国核理论研究做了开创性的工作。

邓稼先同志于1951年加入九三学社，1956年加入中国共产党。1958年8月调到第二机械工业部，参加组织和领导我国核武器的研究设计工作，历任第九研究院理论部主任、副院长、院长等职。

邓稼先同志为我国的核武器研制事业兢兢业业、呕心沥血、孜孜不倦地奋斗了28年。从原子弹、氢弹原理的突破和试验成功及其武器化，到新的核武器的重大原理突破和研制试验，他都做出了重大贡献。他作为主要

第五章　最后的日子

参加者,曾获全国自然科学奖一等奖和国家级科技进步奖特等奖。他是我国核武器理论研究工作的奠基者和开拓者之一,是我国研制和发展核武器在技术上的主要组织领导者之一。

邓稼先同志勤奋学习,刻苦钻研,善于团结同志,发挥众多科学家的聪明才智,博采众长,协同攻关。当外国撕毁协定后,他和同事们一起,发扬独立自主、自力更生、艰苦奋斗、发愤图强的精神,以坚定的信心克服种种困难,为我国第一颗原子弹试验成功立下了卓越的功勋;接着,又突破了氢弹技术难关,成功地爆炸了第一颗氢弹,为打破超级大国的核垄断,增强我国的国防力量,保卫世界和平做出了不可磨灭的贡献。

邓稼先同志担任第九研究院院长重任后,更致力于核武器的改进、发展工作。他尊重科学,实事求是,严格按科学规律办事,从理论设计、加工组装、实验测试到定型生产,总是尽力深入到第一线考察了解情况,遇到重大问题,无不亲临现场指挥、处理。他始终遵照周恩来同志"严肃认真、周到细致、稳妥可靠、万无一失"的指示对待每一项工作,绝不放过一个疑点。他常常在关键时刻不顾个人安危,出现在最危险的岗位上,充分体现了身先士卒、奋不顾身、勇担风险的崇高献身精神。

邓稼先同志是一位物理学家,不仅有深厚的理论基础,而且有广博的实验、技术知识。他对核武器这个多学科的庞大系统工程有全面的了解。他勇于开拓，富有探索精神。他不仅是一位善于把理论与实验相结合，把科学与工程技术相结合的科学家，而且是一位出色的科研工作组织领导者。

邓稼先同志从青年时代起就立志报效祖国。他热爱党，坚决贯彻执行党的正确路线、方针和政策。他坚持党性原则，有高度的组织纪律观念。他在政治上、思想上，处处以共产党员的标准严格要求自己。他作风正派、廉洁奉公，数十年如一日，一心扑在工作上，做到了全心全意为人民服务。

邓稼先同志作风民主，密切联系群众。他襟怀坦白、顾全大局、谦虚热忱、平易近人。他担任领导职务，但从不以领导者自居。他善于倾听别人的意见，注意团结同志，时常关心青年的成长和提高，受到同志们的敬重和由衷的爱戴。在党的领导下，他和老一辈科学家们培养、带领出一支有高度事业心、作风严谨、团结协作、勇于攻关的科技队伍。

邓稼先同志长期忘我工作，不为名、不为利，甘当无名英雄，默默无闻地奋斗了数十年，积劳成疾。他在病重时仍念念不忘我国科技事业的发展，为发展我国的高技术献计献策。邓稼先同志真正做到了他经常讲的"一不为名，二不为利，但工作目标要奔世界先进水平"。他的名字虽然鲜为人知，但他对祖国的贡献将永载史册。

第五章 最后的日子

他不愧是中华民族的好儿子,不愧是中国共产党的优秀党员,不愧是中国知识分子的优秀代表。他的不幸逝世,是我国人民、我国军队和我国科学技术事业的一大损失。今天,我们悼念他,要化悲痛为力量。要学习他为了祖国的强盛,为了国防科研事业的发展,身先士卒、勇担风险、舍生忘死、奋斗不息的献身精神;学习他不计名利、任劳任怨、埋头苦干、甘当无名英雄的崇高品德;学习他对工作精益求精、极端负责、处处以国家利益为重的高度政治责任感;学习他治学严谨、谦虚谨慎、平易近人、深入实际、团结群众的优良作风。我们要继承他未竟的事业,加倍努力,为了祖国的四化大业,为攀登科学技术高峰,继续拼搏,开拓前进!

邓稼先同志永垂不朽!

张爱萍将军是与邓稼先共事20多年的老领导,为表达哀思,他还满怀深情地写下悼念诗作:

> 踏遍戈壁共草原,
> 二十五年前。
> 连克千重关,
> 群力奋战君当先。
> 捷音频年传,
> 蔑视核讹诈,

华夏创新篇。
君视名利如粪土,
许身国威壮河山。
哀君早辞世,
功勋泽人间。

此外,与邓稼先朝夕相处的九院的同事们,也怀着无比悲痛和崇敬的心情,为其献上挽歌:

怀念邓稼先院长
天府杨柳塞上烟,
问君辞去几时还?
试验场上惊雷动,
江河源头捷报传。
不知邓老今何在?
忠魂长眠长江畔。

悼老邓(杜祥琬)
和平岁月未居安,
一线奔波为核弹。
健康生命全不顾,
牛郎织女到终年。
酷爱生活似童顽,

浩瀚胸怀比草原。
手挽左右成集体,
尊上爱下好中坚。
铸成大业入史册,
深沉情爱留人间。
世上之人谁无死,
精忠报国重如山!

长相思(陈云尧)
皖山青,蜀山青,
依旧青山依旧情,
　故人还攀登?
愁萦萦,思萦萦,
盼望君归终未成,
　诀别和雨声。

原二机部部长刘西尧及其夫人陈景文,赋诗对邓稼先的高尚品格给予高度赞扬:

入污泥兮而不染,
上云天兮而不骄,
鞠躬尽瘁兮为保祖国,
大公无私兮学者楷模。

把一生献给了核事业——邓稼先

四川省人大常委会原主任何郝炬在悼念邓稼先的词中写道：

渊海若无物，
平凡以近人，
胸怀宏愿许人民。
飞越长空天外，
遄遄向征程。

求索十年久，
风沙冬复春，
功成两弹尽轰鸣。
长叹英年早逝，
千里放悲声。

诗人周啸天也作了一首长诗《邓稼先歌》，获第五届华夏诗词奖一等奖。全诗如下：

炎黄子孙奔八亿，不蒸馒头争口气。
罗布泊中放炮仗，要陪美苏玩博戏。
不赋新婚无家别，夫执高节妻何谓！
不羡同门振六翮，甘向人前埋名字。

第五章 最后的日子

一生边幅哪得修,三餐草草不知味。
七六五四三二一,泰华压顶当此际。
蘑菇云腾起戈壁,丰泽园里夜不寐。
周公开颜一扬眉,杨子发书双落泪。
唯恐失算机微间,岁月荒诞人无畏。
潘多拉开伞不开,百夫穷追欲掘地。
神农尝草莫予毒,干将铸剑及身试。
一物在掌国得安,翻教英年时倒计。
公平公乎如山倒,人百其身哪可替!
号外病危同时发,天下方知国有士。
门前宾客折屐来,室内妻儿暗垂涕。
两弹元勋荐以血,名编军帖古如是。
天长地久真无恨,人生做一大事已!

　　作家王蒙对此诗给予好评,并做了解读:"'不赋新婚无家别,夫执高节妻何谓!'何等悲壮!'两弹'元勋邓稼先顾不上为新婚作赋,还没有营建出一个小家来,就上了大西北国防科研的前线。'不羡同门振六翮,甘向人前埋名字。'同窗学友,展翅高飞,誉满全球,邓稼先则甘愿隐姓埋名,为国奉献。'蘑菇云腾起戈壁,丰泽园里夜不寐。周公开颜一扬眉,杨子发书双落泪',说的是中南海,是毛主席,是周总理,是咱们上世纪(20世纪)的艰辛历程。回到当年,谁不动心?谁不洒泪?'两弹元勋荐以血,名编军帖古如是。天长地久真无恨,人生做一大事已!'诗人歌颂记载了做成一件大事的邓稼先,诗中有血,句中有泪!让我们缓缓脱下帽子,重复这激越绝伦的诗句,向邓稼先致敬!"

6. 我们都要记住那个年代

1993年8月21日,杨振宁在《人民日报》撰文纪念好友邓稼先。全文如下:

从"任人宰割"到"站起来了"

100年以前,甲午战争和八国联军时代,恐怕是中华民族5000年历史上最黑暗最悲惨的时代,只举1898年为例:

德国强占山东胶州湾,"租借"99年。

俄国强占辽宁旅顺大连,"租借"25年。

法国强占广东广州湾,"租借"99年。

英国强占山东威海卫与香港新界,前者"租借"25年,后者"租借"99年。

那是中华民族任人宰割的时代,是有亡国灭种的危险的时代。

今天,一个世纪以后,中国人民站起来了。

这是千千万万人努力的结果,是许许多多可歌可泣的英雄人物创造出来的伟大胜利。在20世纪人类历史上,这可能是最重要的、影响最深远的巨大转变。

对这一转变做出了巨大贡献的,有一位长期以来鲜为人知的科学家:邓稼先。

"两弹"元勋

邓稼先于1924年出生在安徽省怀宁县。在北平上完小学和中学以后,于1945年自昆明西南联大毕业。1948年到1950年赴美国普渡大学读理论物理,获得博士学位后立即乘船回国,1950年10月到中国科学院工作。1958年8月奉命带领几十个大学毕业生开始研究原子弹制造的理论。

这以后的28年间,邓稼先始终站在中国原子武器设计制造和研究的第一线,领导许多学者和技术人员,成功地设计了中国的原子弹和氢弹,把中华民族国防自卫武器引导到了世界先进水平。

1964年10月16日,中国爆炸了第一颗原子弹。

1967年6月17日,中国爆炸了第一颗氢弹。

这些日子是中华民族5000年历史上的重要日子,是中华民族完全摆脱任人宰割危机的新生日子!

1967年以后,邓稼先继续他的工作,至死不懈,为国防武器做出了许多新的巨大贡献。

1985年8月,邓稼先做了切除直肠癌的手术;次年3

月又做了第二次手术。在此期间,他和于敏联合署名写了一份关于中华人民共和国核武器发展的建议书。1986年5月,邓稼先做了第三次手术,7月29日因全身大出血而逝世。

"鞠躬尽瘁,死而后已"正好准确地描述了他的一生。

邓稼先是中华民族核武器事业的奠基人和开拓者。张爱萍将军称他为"'两弹'元勋",他是当之无愧的。

邓稼先与奥本海默

抗战开始以前的一年,1936年到1937年,稼先和我在北平崇德中学同学一年;后来抗战时期在西南联大,我们又是同学;以后他在美国留学的两年期间,我们曾住同屋。50年的友谊,亲如兄弟。

1949年到1966年,我在普林斯顿高等学术研究所工作,前后17年的时间里,所长都是物理学家奥本海默。当时他是美国家喻户晓的人物,因为他曾成功地领导战时美国的原子弹制造工作。高等学术研究所是一个很小的研究所,物理教授最多的时候只有5个人,奥本海默是其中之一,所以我和他很熟识。

奥本海默和邓稼先分别是美国和中国原子弹设计的领导人,各是两国的功臣,可是他们的性格和为人却截然不同,甚至可以说他们走向了两个相反的极端。

奥本海默是一个拔尖的人物,锋芒毕露。他二十几岁

第五章 最后的日子

的时候,在德国哥廷根镇做玻恩的研究生。玻恩在他晚年所写的自传中说,研究生奥本海默常常在别人做学术报告时(包括玻恩做学术报告时)打断报告,走上讲台拿起粉笔说:"这可以用底下的办法做得更好……"我认识奥本海默时他已经40多岁了,已经是妇孺皆知的人物,打断别人的报告,使演讲者难堪的事仍然时有发生,不过比起以前要少一些。佩服他、仰慕他的人很多,不喜欢他的人也不少。

邓稼先则是一个最不要引人注目的人物。和他谈话几分钟,就看出他是忠厚平实的人。他真诚坦白,从不骄人。他没有小心眼儿,一生喜欢"纯"字所代表的品格。在我所认识的知识分子当中,包括中国人和外国人,他是最有中国农民的朴实气质的人。

我想邓稼先的气质和品格是他所以能成功地领导各阶层许许多多工作者,为中华民族做出历史性贡献的原因:人们知道他没有私心,人们绝对相信他。

"文革"初期,他所在的研究院(九院)和当时全国其他单位一样,成立了两派群众组织,对吵对打。而邓稼先竟有能力说服两派继续工作,于1967年6月成功地制成了氢弹。

1971年,在他和他的同事们被"四人帮"批判围攻的时候,如果别人去和工宣队、军宣队讲理,恐怕要出惨案;而邓稼先去了,竟能说服工宣队、军宣队的队员。这是真正的奇迹。

邓稼先是中国几千年传统文化所孕育出来的有最高奉献精神的儿子。

邓稼先是中国共产党的理想党员。

我以为邓稼先如果是美国人,不可能成功地领导美国原子弹工程;奥本海默如果是中国人,也不可能成功地领导中国原子弹工程。当初选聘他们的人,钱三强和葛罗夫斯,可谓真正有知人之明,而且对中国社会、美国社会各有深入的认识。

民族感情?友情?

1971年,我第一次访问中华人民共和国,在北京见到阔别了22年的稼先。在那以前,也就是1964年中国原子弹试爆以后,美国报章上就已经再三提到稼先是这项事业的重要领导人。与此同时还有一些谣言说,1948年3月去了中国的寒春(中文名字,原名Joan Hinton)曾参与中国原子弹工程。(寒春曾于20世纪,40年代初在洛斯阿拉姆斯武器试验室做费米的助手,参加了美国原子弹的制造,那时她是年轻的研究生。)

1971年8月,我在北京看到稼先时,避免问他的工作地点,他自己只说"在外地工作"。但我曾问他,寒春是不是参加了中国原子弹工作,像美国谣言所说的那样。他说他觉得没有,但是确切的情况他会再去证实一下,然后告诉我。

1971年8月16日,在我离开上海经巴黎回美国前夕,上海市领导人在上海大厦请我吃饭。席中有人送了一封信给我,是稼先写的,说他已证实了,中国原子武器工程中,除了最早于1959年底以前曾得到苏联的极少"援助"以外,没有任何外国人参加。

这封短短的信给了我极大的感情震荡,一时热泪满眶,不得不起身去洗手间整容。事后我追想为什么会有那样大的感情震荡,是为了民族而自豪,还是为了稼先而感到骄傲?我始终想不清楚。

"我不能走"

青海、新疆,神秘的古罗布泊,马革裹尸的战场,不知道稼先有没有想起过我们在昆明时一起背诵的《吊古战场文》:

"浩浩乎!平沙无垠,夐不见人。河水萦带,群山纠纷。黯兮惨悴,风悲日曛。蓬断草枯,凛若霜晨。鸟飞不下,兽铤亡群。亭长告余曰:'此古战场也!常覆三军。往往鬼哭,天阴则闻!'"

也不知道稼先在蓬断草枯的沙漠中埋葬同事、埋葬下属的时候是什么心情?

"粗估"参数的时候,要有物理直觉;昼夜不断地筹划计算时,要有数学见地;决定方案时,要有勇进的胆识和稳健的判断。可是,理论是否准确永远是一个问题。不知稼先在关键性的方案上签字的时候,手有没有颤抖?

戈壁滩上常常风沙呼啸,气温往往在零下三十多摄氏度。核武器试验时大大小小突发的问题必层出不穷。稼先虽有"福将"之称,意外总是不能完全避免的。1982年,他做了核武器研究院院长以后,一次井下突然有一个信号测不到了,大家十分焦虑,人们劝他回去,他只说了一句话:"我不能走。"

假如有一天哪位导演要摄制《邓稼先传》,我要向他建议采用五四时代的一首歌作为背景音乐,那是我儿时从父亲口中学到的:

中国男儿　中国男儿

要将只手撑天空

长江大河　亚洲之东　峨峨昆仑

古今多少奇丈夫

碎首黄尘　燕然勒功　至今热血犹殷红

我父亲诞生于1896年,那是中华民族任人宰割的时代,他一生都喜欢这首歌曲。

永恒的骄傲

稼先逝世以后,在我写给他夫人许鹿希的电报和书信中有下面几段话:

——稼先为人忠诚纯正,是我最敬爱的挚友。他的无私的精神与巨大的贡献是你的也是我的永恒的骄傲。

——稼先去世的消息使我想起了他和我半个世纪的友情，我知道我将永远珍惜这些记忆。希望你在此沉痛的日子里多从长远的历史角度去看稼先和你的一生，只有真正永恒的才是有价值的。

——邓稼先的一生是有方向、有意识地前进的。没有彷徨，没有矛盾。

——是的，如果稼先再次选择他的人生的话，他仍会走他已走过的道路。这是他的性格与品质。能这样估价自己一生的人不多，我们应为稼先庆幸！

1985年，邓稼先被确诊为癌症后，杨振宁特意从美国回来看望他。两人闲谈时，杨振宁问及原子弹试验成功后，他得到多少奖金。邓稼先不愿意回答，许鹿希替他回答说10元，邓稼先这才接过话茬纠正说是20元，还有氢弹的10元。杨振宁难以置信："你们是在开玩笑吧？"邓稼先说是真的，不是开玩笑。那个年代，国家最高科技奖奖金是1万元，当时原子弹给了1万元，氢弹也给了1万元。九院在分配这笔奖金时遇到难题，因为原子弹、氢弹试验是以集体之力完成的，参与原子弹研制工作的人太多，院里垫了钱，才把奖金平均分下去。他这个"主要研制人员"没有比别人多拿一分钱。他觉得能为国家做贡献就够了，这比什么奖、多少奖金都重要。

邓稼先去世后,国家科技成果办公室追授"原子弹的突破及武器化"和"氢弹的突破及武器化"两个特等奖,奖金共计 1000 元,还有突破中子弹等两个特等奖各 1000 元。许鹿希把这些奖金全部捐给了九院设立的科技奖励基金会。

邓稼先的人生方向就是为祖国服务。早年他毅然回到还在贫困中的祖国,他一不图名,二不为利,心里只有一个目的,那就是让祖国强大起来。

"我们要感谢我们的科技工作者为国家做出的贡献和赢得的荣誉。大家要记住那个年代,钱学森、李四光、钱三强那一批老科学家,在那么困难的条件下,把'两弹一星'和好多高科技搞起来。"若干年以后,一代伟人邓小平在著名的"南方谈话"中如是说。

是的,我们都要记住那个年代,更要记住在那个年代为祖国的强大默默奉献的无名英雄。

附录　邓稼先大事年表

1924年6月25日,出生于安徽怀宁县的邓家祖屋。

1936年,考入北平崇德中学初中二年级,读至高一(因抗日战争,崇德中学在1939年停办)。

1939年9月,进入北平志成中学,读高中二年级。

1940年5月,为避迫害来到昆明。7月,进入昆明升学补习班学习。9月,到四川江津投奔四叔,进入江津国立第九中学读高中三年级。

1941年秋,以优异成绩考入国立西南联合大学物理系。

1945年8月,从西南联大物理系毕业,并在昆明加入了中国共产党的外围组织"民主青年同盟",投身于争取民主、反对国民党残暴统治的斗争。

1946年,回到北平,担任北京大学物理系助教,并在学生运动中担任北京大学教职工联合会主席。

1947年,通过赴美研究生考试。

1948年秋,进入美国印第安纳州的普渡大学学习。

1950年8月,获物理学博士学位。这一年他26岁,被称为"娃娃博士"。

1950年10月,回国任中国科学院物理研究所助理研究员,在彭桓武教授的领导下从事原子核理论研究。两年后升任副研究员。

1951年,加入九三学社。

1953年,与许德珩之女许鹿希结婚。次年,女儿邓志典出生。

1956年4月,加入中国共产党。同年与何祚庥、徐建铭、于敏等人合作,在《物理学报》上相继发表了《β衰变的角关联》《辐射损失对加速器中自由振动的影响》《轻原子核的变形》等论文,为中国核理论研究做了开拓性的工作。这一年,儿子邓志平出生。

1958年8月,调到新筹建的核武器研究所,任理论部主任,负责领导核武器的理论设计。

1959年,根据中央"自己动手,从头摸起,准备用8年时间搞出原子弹"的决策,选定中子物理、流体力学和爆轰物理这三个方面作为研制中国第一颗原子弹的主攻方向。

1960年7月，苏联撤走在华专家，单方面撕毁合同。

1963年2月，在华北某地参与并指导核试验前的轰炸模拟试验。9月，率领九院理论部研究原子弹的原班人马，承担了中国第一颗氢弹的理论设计任务。

1964年10月16日，中国第一颗原子弹在新疆罗布泊成功爆炸。邓稼先最后签字确定设计方案。

1967年6月17日，中国第一颗氢弹爆炸成功。

1972年，任核工业部第九研究院副院长。

1979年，任核工业部第九研究院院长。同年，在一次试验中身体受核辐射影响，但仍坚持工作。

1980年，当选为中国科学院学部委员（后改称院士）。

1982年，获国家自然科学一等奖；当选为中共第十二届中央委员会委员。

1984年，被评为国家级有突出贡献的专家。指挥中国第二代新式核武器试验成功。

1985年，因患直肠癌7月30日住院，8月10日做了清扫癌瘤手术。

1986年，被任命为国防科工委科技委副主任。4月，与于敏联名向中央提交关于我国核武器发展的建议书。7

月 16 日，获"全国劳动模范"荣誉称号和"五一劳动奖章"。

1986 年 7 月 29 日，因癌症晚期大出血逝世，终年 62 岁。

1999 年，被追授"两弹一星"功勋奖章。

后　记

　　关于竺可桢、华罗庚、苏步青、童第周等科学家，相信很多人在中小学课本里对他们的事迹就有些了解。他们爱国敬业、勇于探索、自力更生、发奋图强的精神和淡泊名利、甘为人梯的高尚人格，一直令我深受鼓舞，这种情怀也伴随着我成长。参加工作后，编撰一套科学家榜样丛书，让他们的精神广为传承与发扬，让不同年龄层的读者通过阅读他们的事迹得到精神方面的滋养，也成为我的一个心愿。

　　在一次选题论证会上，大家畅所欲言、各抒己见，我也说出了多年来深藏心底的想法，结果得到同事们的极大认可，并且都跃跃欲试，想要参与其中，这让我心里有说不出的高兴与感动。很快，我将本套丛书的策划案以电子邮件的形式发给华中科技大学出版社大众分社的亢博剑社长,几天后收到亢博剑社长的回复。他在邮件中明确表示,总社、分社一致通过了本套丛书选题,希望尽快组织编写,争取早日付梓。在此,谨向华中科技大学出版社总编姜新祺、大众分社社长亢博剑及所有参与审校的编辑老师表示深切的感谢!

　　选题确定后,公司马上成立了编写团队,一方面联系科学家的家人、好友及同事进行采访,一方面到各省市的纪念馆搜集一手资料,然后进行整理、归档、撰写。为了保证史料的严谨性,我们查阅了大量资料;为了更好地诠释老一辈科学家的科学精神和家国情怀,我们对书中的文字反复进行修改润色。经过将近一年的努力,初稿完成,并特邀海军大校、《海军杂志》原主编、海潮出版社原社长刘永兵编审审校。本套丛书还有幸得到了中国工程院原党组成员、秘书长兼机关党委书记,曾任钱三强院士专职秘书多年的葛能全先生审订。初次拜见葛老时,我们介绍了出版这套丛书的初衷及编写过程,葛老赞许道:"你们还坚持这份初心,不容易!我对这套丛书的 10 位科学家颇为了解,他们也是我的青年导师。"葛老当场提出无偿帮助我们审订这套丛书。从 2019 年 5 月初至 2019 年 10 月底,葛老不畏暑天炎热,对 10 本书稿进行了逐字逐句的审校,并提出许多宝贵的修改建议。

　　在本丛书的编写过程中,李建臣先生于百忙之中也给予了许多宝贵的指导和建议,并在团队多次真挚的邀请下,

后　记

同意担任本套丛书的主编。

在此谨向葛能全先生、李建臣先生、刘永兵先生致以诚挚的感谢和崇高的敬意！

由于编者水平有限，加上本丛书涉及人物众多，难免有不准确、不妥当之处，尚祈广大读者批评指正。